AF549914

**Bibliografische Information der Deutschen Nationalbibliothek**

Die Deutsche Nationalbibliothek verzeichnet diese Publikation in der Deutschen Nationalbibliografie; detaillierte bibliografische Daten sind im Internet über http://dnb.ddb.de abrufbar.

**Herausgeber**


An der Marienkirche 3
29410 Hansestadt Salzwedel
Tel. 0 39 01 / 42 33 80
info@danneil-museum.de

**Satz und Gestaltung**

Initia Medien und Verlag UG
Covergestaltung und Textsatz: Sebastian Tramsen

**Verlag**

Initia Medien und Verlag UG
(haftungsbeschränkt)
Woltersburger Muhle 1
29525 Uelzen

Tel. 0581 / 971 570 - 60
info@initia-medien.de
www.initia-medien.de

Sitz der Gesellschaft: Uelzen
Amtsgericht Lüneburg, HRB 205137
Geschäftsführerin: Eva Neuls

**1. Auflage, Oktober 2018**
**ISBN 978-3-947379-03-3**

Lothar Mittag

# SCHÄTZE DER BRONZEZEIT

Archäologische Kostbarkeiten aus der Altmark

Schriften zur Regionalgeschichte der Museen
des Altmarkkreises Salzwedel – Band 14

# INHALT

# VORANGESTELLT

Die vorliegende Broschüre entstand als Ergebnis der gleichnamigen Jahresausstellung des Johann-Friedrich-Danneil-Museums Salzwedel im Jahre 2012. Zu diesem Zwecke wurden im Vorfeld natürlich auch viele Funde gesichtet, die letztlich in der Ausstellung keinen Platz fanden. „Sichtung" bedeutete in diesem Falle nicht nur den Zustand der jeweiligen Objekte festzustellen, sondern meist auch deren komplette Neubearbeitung.

Die Mehrzahl der Stücke war in den vorhandenen Objektkarteien nicht ausreichend beschrieben, vermessen und zudem oft auch unzureichend oder gar falsch datiert. Das erforderte ein umfangreiches Vergleichsstudium möglichst aktueller Kataloge, Typentafeln oder Monografien zur Bronzezeit. Dabei stellte sich mehrfach heraus, dass die Autoren dieser Werke nicht selten sowohl bei der Datierung als auch der Bewertung von Funden zu unterschiedlichen Ergebnissen kamen. Zudem gibt es auch bei den absoluten Jahreszahlen der bronzezeitlichen Periodisierung Differenzen. Es ist somit nicht immer leicht, die für die Altmark zutreffenden Aspekte herauszufiltern und dann zu einem möglichst stimmigen Ergebnis zu kommen. In diesem Zusammenhang ist es wichtig zu erwähnen, dass die Altmark während der gesamten Bronzezeit unterschiedlichen Kultureinflüssen ausgesetzt war und dass auch die „Laufzeit" vieler Objekte unterschiedlich gewesen sein kann.

Die Bronzezeit der Altmark wird seitens der Forschung der „Nordischen Bronzezeit" zugerechnet, für die der schwedische Wissenschaftler *Oskar Montelius* bereits im Jahre 1900 eine noch heute gültige Periodisierung vorlegte. Sowohl in der Älteren als auch in der Jüngeren Bronzezeit sind in der Altmark starke Einflüsse anderer bronzezeitlicher Kulturen unverkennbar. In der Jüngeren Bronzezeit ist insbesondere der Einfluss der mitteleuropäischen Lausitzer Kultur evident. Zur Datierung der Lausitzer Kultur erweist sich die für Süd- und Mitteldeutschland gebräuchliche Periodisierung des deutschen Archäologen *Paul Reinecke* als präziser als die des *Oskar Montelius*. Daher finden sich auch Vergleichstabellen beider Periodensysteme im folgenden Text.

Bedanken möchte ich mich bei der Künstlerin *Lucie Loewe* aus Siepe für die schönen Illustrationen. Weiterhin gilt mein Dank Frau *Dr. Alix Hänsel*, Berlin, auf deren Veranlassung uns 2012 auf sehr unkomplizierte Art und Weise mehrere Ausstellungsstücke aus den Sammlungen der Staatlichen Museen zu Berlin zur Verfügung gestellt wurden. Mein besonderer Dank gilt aber vor allem

Herrn *Dr. Bernd Zich*, Flensburg, der 2012 noch als Leiter des Landesmuseums für Vorgeschichte in Halle/Saale mir sowohl bei der Vorbereitung als auch beim Zustandekommen der Ausstellung stets mit Rat und Tat zur Seite stand und nun als Pensionär den Text und vor allem die zeitlichen Angaben in der Veröffentlichung überprüfte und gegebenenfalls korrigierte.

Auch Frau *Dr. Barbara Fritsch*, Kiel/Landesamt für Denkmalpflege und Archäologie des Landes Sachsen-Anhalt, bin ich zu Dank verpflichtet. Sie bot sich an, den Text noch einmal gegenzulesen, was ich sehr gerne in Anspruch nahm. *Last but not least* gilt mein Dank zudem Herrn Ulrich Kalmbach, Salzwedel, der mich dazu animierte, den Text noch einmal neu zu ordnen.

*Lothar Mittag*

# DIE BRONZEZEIT IN DER ALTMARK – EINE EINFÜHRUNG

Die Jahresausstellung des Jahres 2012 im Johann-Friedrich-Danneil-Museum Salzwedel war der Bronzezeit der Altmark gewidmet. Spätestens seit der Übernahme der Himmelsscheibe von Nebra durch das Land Sachsen-Anhalt im Jahre 2002 ist diese Periode in aller Munde. Aber nicht nur der Süden Sachsen-Anhalts war für diese Epoche mit ihren Kontakten zu anderen Kulturkreisen von Bedeutung, auch im Norden des Bundeslandes fanden wichtige bronzezeitliche Entwicklungen statt.

In der Altmark sind schon vor über 150 Jahren einige sehr bedeutende frühbronzezeitliche Funde entdeckt worden. Sie sind überwiegend älter als die Himmelsscheibe und weisen ebenfalls auf damals bereits bestehende europaweite Handelsbeziehungen hin.

Die Sammlung des Museums umfasst eine große Anzahl an beeindruckenden bronzezeitlichen Exponaten aus der gesamten Altmark, die es durchaus als angemessen erscheinen ließen, diese unabhängig von der Dauerausstellung zu präsentieren. Meist handelte es sich dabei um Exponate, die im 19. Jahrhundert in die Sammlung des Altmärkischen Vereins für vaterländische Geschichte gelangten.

Eine *detaillierte* Geschichte der altmärkischen Bronzezeit nachzuzeichnen, war auf Grund der beschränkten Ausstellungsfläche und der begrenzten Ressourcen eines Regionalmuseums nicht möglich. Daher wurden in der Ausstellung anhand einiger Funde und Fundkomplexe nur schlaglichtartige Einblicke auf diese ungefähr 1700 Jahre währende Epoche eröffnet. Eine Vielzahl von Funden aus der gesamten Altmark und aus allen bronzezeitlichen Perioden ermöglicht es, zu bestimmten bronzezeitlichen Entwicklungen Stellung zu nehmen.

Auch in der Altmark ist die Bronzezeit folgerichtig aus jungsteinzeitlichen Kulturen hervorgegangen und nicht plötzlich „vom Himmel gefallen", und sie ist auch hier an ihrem Ende relativ unspektakulär in der *Vorrömischen Eisenzeit* aufgegangen. Weil die „Altmark" zu allen Zeiten offensichtlich für Einflüsse aus allen Himmelsrichtungen offen war, profitierte auch ihre Bevölkerung davon. Die „Weltoffenheit" machte sich bezahlt. Gesellschaftliche und wirtschaftliche Veränderungen am Ende der Bronzezeit verursachten daher auch keinen Abbruch der Siedlungstätigkeit – wie es anderenorts durchaus vorkam. Noch in der *Vorrömischen Eisenzeit* war die Altmark für vorgeschichtliche Verhältnisse sehr dicht besiedelt.

Im 19. Jahrhundert wurden sehr viele bronzezeitliche Fundplätze ebenso zerstört wie die Mehrzahl der jungsteinzeitlichen Großsteingräber. Grund dafür waren die Landseparationen in Preußen sowie die darauf folgende Technisierung der Landwirtschaft. Die neu aufgeteilten (separierten) Flächen, von denen viele vorher nur teilweise oder gar nicht bewirtschaftet waren, wurden nun „unter den Pflug genommen". Stattdessen ließ man aber auch Flächen liegen, die zuvor noch bewirtschaftet und in der Folge oft aufgeforstet wurden. Die Separationen brachten umfangreiche Flurbereinigungen mit sich. Viele bis dahin unberührte bronzezeitliche Grabhügel, auch ganze Hügelgräberfelder, wurden in diesem Zuge zerstört. Dabei entdeckte Funde gelangten manchmal in die Sammlungen von Vereinen und Privatleuten oder wurden Bestandteil von Museumssammlungen.

Aus frühgeschichtlicher Zeit kennen wir besondere Plätze zur Ehre der Götter und der Ahnen. Dort verehrte man u. a. auch heilige Steine. In den „unsterblichen" Steinen vermutete man die Seelen Verstorbener. Die Steinkulte sind aber wesentlich älter. Nicht von ungefähr errichtete man die Großsteingräber bereits während der mittleren Jungsteinzeit um die Mitte des 4. Jahrtausends v. Christus. Sie wurden aus den mächtigen Findlingen, die nach der letzten Eiszeit die Landschaft prägten, geschaffen und noch während der gesamten Bronze- und sogar Eisenzeit für Nachbestattungen und als heilige Orte und Versammlungsplätze genutzt. Oft schabte man aus „kultischen" Gründen runde Schälchen oder Näpfchen in besondere Steine. Etliche solcher Schälchen- oder Näpfchensteine sind erhalten geblieben. Viele davon stehen im direkten Zusammenhang mit den Großsteingräbern. Es gab und gibt aber noch heute eine Anzahl solcher Steine, die keiner Grabanlage zuzuordnen sind. Sie gehörten zu sogenannten Steinkreisanlagen oder waren einzeln aufgestellt. In den Jahrzehnten nach 1990 sind bei Bauarbeiten mehrere solcher Steine wiederentdeckt worden. Man hatte sie eingegraben oder verbaut, als sie für die Menschen entweder keine Bedeutung mehr besaßen oder um sie zu vernichten.

Der letzte noch an seinem ursprünglichen Platz stehende Menhir (in frühgeschichtlicher Zeit von Menschen aus kultischen Gründen aufgestellter „Langer Stein") der Altmark ist der sagenumwobene Lehnekenstein von Bonese. Er weist keine künstlichen Bearbeitungsspuren auf, ist aber allein schon wegen seiner Form und Größe sehr auffällig. Um diesen Stein hat sich ein ganzer Sagenkreis herausgebildet.

Abb. 2, 3: Der Lehnekenstein im Frühjahr und im Herbst 2012.
Rechts neben dem Stein *Dr. Bernd Zich*, Flensburg.

Die Mehrzahl der bronzezeitlichen Metallfunde stammt aus Gräbern und aus sogenannten Bronzehorten. Als Bronzehort werden mehrteilige Fundkomplexe von Geräten oder Schmuckstücken bezeichnet, die zusammen deponiert wurden. Ob als Opfergabe oder Materialdepot, lässt sich häufig nicht mehr entscheiden. Oft sind die Fundumstände unbekannt oder sie sind nur sehr unzureichend dokumentiert. Die bedeutendsten Hortfunde der altmärkischen Frühbronzezeit wurden in Kläden sowie Groß Schwechten im Landkreis Stendal entdeckt.

Der größte Teil der Sammlungsstücke stammt aus Bestattungen. Bedeutend sind u. a. die Fundplätze von Wittenmoor, Depekolk, Stappenbeck oder Mehrin. In Dahrendorf, Lückstedt oder Seethen befanden sich ebenfalls bronzezeitliche Friedhöfe. Aus Jeebel stammt das einzige Goldobjekt aus der Bronzezeit in der Salzwedeler Sammlung. Der goldene Fingerring gehörte zur Ausstattung eines toten Kriegers, der vermutlich in einem Steinkistengrab bestattet war.

Abb. 4, 5: Der sogenannte „Karnickelberg“ in der Gemarkung Ahlum ist ein großer frühbronzezeitlicher Grabhügel. *Walter Neuling* bezeichnete ihn 1949 als „Königsgrab“.

Einer Sage nach wurde der große Grabhügel („Karnickelberg“) von Ahlum/Nieps durch den Teufel aufgeschüttet. Man war sich demnach durchaus schon seit längerem bewusst, dass der Hügel nicht auf natürliche Art und Weise entstanden ist und brachte ihn mit Teufelsspuk (heidnische Grab- und Opferkulte?) in Verbindung. Ehemals wurde der Grabhügel aber auch als „Königsgrab“ bezeichnet, so zumindest der damalige Salzwedeler Museumsleiter *Walter Neuling* im Jahre 1949. Höchstwahrscheinlich handelt es sich bei diesem Hügel um einen etwa 4000 Jahre alten frühbronzezeitlichen Grabhügel. Solch markante Plätze wurden noch in späteren Zeiten häufig für Thingversammlungen oder andere wichtige Zusammenkünfte genutzt.

***Sage:*** *Die verkehrte Kirche zu Tangeln*
*Wir dürfen wohl annehmen, dass der böse Mensch, der die Kirche in Tangeln herumgedreht hat, der Teufel ist, zumal er auch sonst bei Tangeln nach der Sage sein Wesen gehabt. Nach Pastor Müller-Storbeck liegt nämlich bei Tangeln ein Berg, namens „Kaninchenberg“. Diesen Berg soll der Teufel aufgeschüttet haben. Vielleicht hat der Teufel nach Ähnlichkeit mit anderen Sagen irgendeine Kirche mit Sand verschütten wollen, und dieser ist vorher zur Erde gefallen, ehe er das Gotteshaus erreicht hatte.*
*Alfred Pohlmann, 1914*

Zu Beginn der Bronzezeit wurden wohl nur Privilegierte (sogenannte Fürsten) in solch großen Grabhügeln wie in Ahlum mit aufwändigen Einbauten aus Holz oder Stein beigesetzt. Die einfache Bevölkerung bestattete man zu dieser Zeit in Hockerlage in flachen Erdgräbern. Damals wurden die Toten noch nicht verbrannt. Im Verlauf der Bronzezeit ging man allerdings komplett zur Leichenverbrennung über. Zu Beginn des Bestattungswandels wurde der Leichenbrand „anatomisch korrekt“ in großen Steinkisten verteilt, später nur noch in Grabgefäße geschüttet. Diese Gefäße, die Urnen, setzte man nun nicht mehr in einzelnen großen Grabhügeln sondern in kleineren Hügelgräbern auf Gräberfeldern bei. Zentral auf dem Grund der Hügel befanden sich die ursprünglichen Grabkammern, die oft aus ausgesuchten flachen Steinen errichtet waren. Für die Errichtung der Gräber favorisierte man nun nicht mehr besondere Einzellagen, sondern legte die Hügelgräberfelder in der Nähe von Siedlungen an. Am Ende der Bronzezeit herrschten große Flachgräberfelder mit Urnenbestattungen vor, für die gelegentlich noch kleine Grabkammern aus Steinen errichtet wurden.

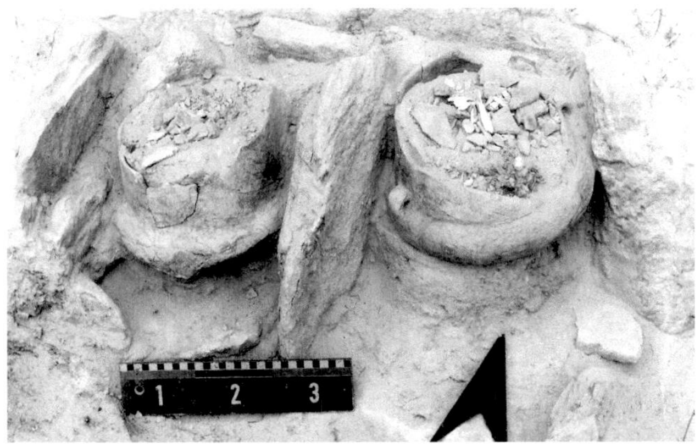


Abb. 6: Doppelbestattung in einer Steinkiste aus der späten Bronzezeit bei Dähre. Als Urnen dienten hier Zylinderhalsterrinen (V 8047, V 8048).

Siedlungsfunde sind meist nicht sehr spektakulär und überwiegend in schlechtem Zustand. Weil günstige Siedlungsflächen häufig jahrhundertelang genutzt wurden, sind Funde in der Regel nur fragmentarisch erhalten. Aus diesem Grunde gelangten sie bis in jüngere Zeit nur selten in die Sammlungen der Museen. Wenn doch, dann handelt es sich hauptsächlich um Gefäßscherben. Ausgesprochene Siedlungsgrabungen fanden bis 1990 kaum statt. Zwischen 1969 und 1973 gelang es trotzdem, durch die Akademie der Wissenschaften der DDR in Zedau bei Osterburg eine spätbronzezeitlich/früheisenzeitliche Siedlung samt kultischen Anlagen großflächig zu untersuchen. Die Ergebnisse wurden gut publiziert, ein seltener Glücksfall für die Archäologie.

Durch viele notwendige Vorfelduntersuchungen bei industriellen Großprojekten, normalen Bauvorhaben oder Straßen- und Wegebauarbeiten ist nach 1990 eine enorme Zunahme an Siedlungsfunden zu verzeichnen. Die Funde gelangen in der Regel in die Magazine der archäologischen Landesämter. Sie werden bis auf wenige herausragende Befunde und Fundkomplexe aber nur selten publiziert.

Von vielen bronzezeitlichen Stücken der Salzwedeler Sammlung sind die Fundumstände leider völlig unbekannt. Möglicherweise waren die ungenauen Angaben häufig sogar beabsichtigt. Als Beispiel dafür steht die sehr gut erhaltene Beinberge (siehe unten) aus Pretzier. Solche Schmuckstücke wurden immer paarig getragen. Hier fehlt allerdings das entsprechende Gegenstück. Sowohl der genaue Fundplatz als auch die Fundzeit sind unbekannt. Die große

Ähnlichkeit mit einer Beinberge aus dem nahen Kassuhn sowie mit einer ungewöhnlich großen Spiralplattenfibel aus der Nachbargemarkung Stappenbeck ist unübersehbar. Die Fibel hatte man laut Fundbericht im Jahre 1843 zusammen mit zwei Beinringen und einem Armring in einem zerstörten Hügelgrab entdeckt. Der Verdacht liegt also nahe, dass es sich bei den vorab beschriebenen Objekten um einen zusammengehörigen Grabfund handelt!

Die Bronzezeit gilt als das erste Metallzeitalter der Menschheitsgeschichte. Sie währte in Mitteleuropa von etwa 2300/2200 bis etwa 550 v. Christus. Man kannte zwar bereits in der Jungsteinzeit Geräte und Schmuck aus Kupfer, dennoch betrachtet man als Beginn der Bronzezeit erst den Zeitpunkt, zu dem man begann Kupfer mit anderen Stoffen zu mischen („legieren"), um so für die hergestellten Objekte eine größere Festigkeit und Elastizität zu erreichen. In weiten Teilen Mitteleuropas war das nach neuesten Datierungen bereits in der Zeit um 2300/2200 v. Chr. der Fall. Aber erst am Ende der Frühbronzezeit um 1600 v. Chr. hatte sich die „klassische" Bronze, die aus 90-94% Kupfer und zwischen 6% und 10% Zinn besteht, überall durchgesetzt. Zu Beginn der Bronzezeit verwendete man noch hauptsächlich Arsen, Antimon oder Nickel zum Legieren des Kupfers. Vermutlich ergaben sich die „ersten Legierungen" eher zufällig aus den chemischen Bestandteilen des verwendeten Erzes. Nachdem man aber gelernt hatte, mit Zinn zu legieren, ersetzte dieses Metall zunehmend die anderen Zuschlagstoffe.

Das Klima während der späten Jungsteinzeit und der Bronzezeit war wärmer als heute, was auch ein Aufblühen der Landwirtschaft zur Folge hatte. Auch daher waren die Lebensbedingungen der Menschen zu dieser Zeit recht gut. Dieses „gute Leben" zog ein bis dahin nicht gekanntes Repräsentationsbedürfnis nach sich. So wurden z. B. auch viele oft sehr unpraktische Schmuckstücke geschaffen. Man wollte zeigen, was man sich leisten konnte. Auf Grund des immensen Materialeinsatzes blieben diese Stücke oft bis heute erhalten. Aus Maxdorf, Altmarkkreis Salzwedel, liegt ein Grabfund vor, der schlaglichtartig einen Einblick in das eben Gesagte gibt. 1846 wurden in einem Hügelgrab vier massive, zusammengehörige Beinringe gefunden. Die Abnutzungsspuren zeigen eindeutig, dass die Ringe lange Zeit übereinander getragen wurden. Sie wiegen zusammen 1128 Gramm!

Abb. 7: Die vier Beinringe von Maxdorf (V 257 a – d, P III) wurden zu Lebzeiten der Trägerin übereinander getragen.

Voraussetzung für den wirtschaftlichen Aufschwung während der Bronzezeit war allerdings nicht die Eignung der Bronze zur Schmuckherstellung, sondern die hervorragenden Gebrauchseigenschaften des Metalls. Zudem konnten, vorausgesetzt es war genügend Material vorhanden, die Werkzeuge oder Waffen ohne großen Aufwand immer und immer wieder reproduziert werden. Neben ihrer großen Belastbarkeit lässt die Bronze sich relativ leicht einschmelzen und erneut in Formen gießen.

Die Ausgangspunkte der bronzezeitlichen Entwicklung lagen im Vorderen Orient, Südosteuropa und auf der Iberischen Halbinsel. Über Jahrhunderte hinweg verbreitete sich das Wissen über die Bronzeproduktion auch nach Mittel- und Nordeuropa. Natürlich profitierten besonders die Gebiete mit eigenen Erzvorkommen von den neuen Möglichkeiten. Spätestens während der Frühbronzezeit hatten sich in Mitteldeutschland und Nordböhmen Herrscherdynastien herausgebildet, die sowohl die hiesigen Erzlagerstätten (Kupfer und Zinn) als auch die Handelswege kontrollierten. Das hier seltenere Zinn gewann man wohl im Erzgebirge und im Fichtelgebirge, Kupfer hauptsächlich im Erzgebirge und im Mansfelder Land. Trotz der eigenen Vorkommen wurden die wichtigen Metalle häufig sogar von weither importiert. Bronze weckte Begehrlichkeiten und verlieh den Produzenten Macht und Reichtum. Daher gelangten die Gebiete nördlich des Erzgebirges und des Thüringer Waldes zu einer ersten wirtschaftlichen und politischen Blüte. Eine besondere Stellung nahmen dabei das Gebiet um Halle (Saale) und das westlich davon gelegene kupferreiche Mansfelder Land ein. Durch den Aufschwung dieses Landstriches wurde die Ausbreitung der ersten bronzezeitlichen Kultur auch in nördlichere Gebiete entscheidend gefördert.

Abb. 8: Vom Fischschwanzdolch zum Tüllenbeil - ein Querschnitt bronzezeitlicher Funde der Altmark aus der Sammlung des J.-F.-Danneil-Museums.

Sowohl die Kultur der Frühbronzezeit Mitteldeutschlands als auch große Teile der östlichen Altmark und des Wendlandes wurden durch die sogenannte Aunjetitzer Kultur bestimmt. Namengebend für diese Kultur ist der Ort *Unetice*, nördlich Prags an der Elbe gelegen. Die Elbe dürfte als Verbindungsweg und „Lebensader" zwischen den jeweiligen Siedlungsräumen eine ganz entscheidende Rolle gespielt haben. Neben den Rohstofflagern waren die fruchtbaren Böden in Flussnähe für die ackerbauenden „Aunjetitzer" von entscheidender Bedeutung. Für große Teile der fruchtbaren ostaltmärkischen Elbregion konstatieren Archäologen mittlerweile einen sehr starken Aunjetitzer Einfluss. Inzwischen geht man sogar von einer „Altmärkischen Gruppe der Aunjetitzer Kultur" aus.

Die bedeutendsten frühbronzezeitlichen „Fürstengräber" Deutschlands, die Grabhügel von Leubingen, Dieskau oder Helmsdorf, wurden in der Frühbronzezeit in Mitteldeutschland errichtet. Auch der Mittelberg, der Fundort der bekannten Himmelsscheibe von Nebra, befindet sich hier. Die Geschichte der Frühbronzezeit Sachsen-Anhalts wird noch immer so sehr von der Nebraer Himmelsscheibe dominiert, dass auch hier noch ein kurzer Blick darauf gestattet sei.

Im Jahre 1999 wurde auf dem Mittelberg bei Nebra im Burgenlandkreis die mittlerweile weltberühmte Himmelsscheibe gefunden. Raubgräber hatten dort das bisher einmalige Objekt entdeckt. 2002 gelangte das Stück in den Besitz des Landes Sachsen-Anhalt. Die Scheibe ist inzwischen sogar zu einem der Wahrzeichen des Bundeslandes geworden und stellt eine der ältesten bisher bekannten Himmelsdarstellungen dar. Archäologische Untersuchungen der Fundstelle erbrachten später noch weitere Gegenstände vom Fundplatz, die eine Datierung des Fundkomplexes in die ausgehende Frühbronzezeit, in die Zeit um 1600 v. Chr. erlauben. Die Himmelsscheibe ist in die Dauerausstellung des Landesmuseums für Vorgeschichte integriert und dort heute nicht mehr wegzudenken. Sie misst 31cm im Durchmesser, ist ca. 2100g schwer und besteht aus Bronze mit Goldauflagen. Das Stück wurde im Laufe der Zeit mehrfach umgearbeitet. Am Ende seiner Nutzungszeit hat man es, aufrecht stehend, mit Beigaben ausgestattet, vergraben. Tatsächlich ging zu dieser Zeit eine Epoche zu Ende, die in Mitteldeutschland ganz entscheidend von der mächtigen Aunjetitzer Kultur geprägt war. Um 1600 v. Chr. hatten die Träger dieser Kultur ihre Vormachtstellung verloren. Sie mussten sich gegen die Konkurrenz neuer Mächte, die u.a. nun auch aus dem Norden kamen, behaupten oder untergehen.

Aus der Ostaltmark stammen die bereits erwähnten Hortfunde von Kläden und Groß Schwechten. Dabei handelt es sich um die bisher bedeutendsten Fundkomplexe der Aunjetitzer Kultur in der Altmark. Auch sie lassen auf sehr weit reichende Handels-, Wirtschafts- und Herrschaftsbeziehungen in der Frühbronzezeit schließen.

In der unfruchtbareren westlichen Altmark dominierte zu Beginn der Bronzezeit noch die spätneolithische Einzelgrabkultur. In der Endphase der Jungsteinzeit hatte sich aber auch hier eine Herrschaftsstruktur mit einer fassbaren sozialen Führungsschicht ausgebildet. Das Bestreben dieser Schicht, sich mit modernen Prestigegütern auszustatten, begründete umfangreiche Metallimporte. Möglicherweise tauschte man die begehrte Bronze u. a. gegen die mit unglaublicher Präzision hergestellten Feuersteindolche ein, die zu der Zeit in großer Anzahl in Aunjetitzer Gebiete gelangten. Diese spätneolithische Phase wird deshalb auch als Dolchzeit bezeichnet. Als Vorlagen für die Dolche dienten importierte Bronzedolche. Metalläxte und -beile aus dem Süden wurden im Norden aus Felsgestein nachgeahmt. Auch das zeigt die immer größer werdende Bedeutung des Metalls in den Gebieten außerhalb der Aunjetitzer Kultur und folgerichtig gelang es auch hier nach einiger Zeit, das mitteldeutsche

Bronzemonopol zu brechen. Aus den nordischen spätneolithischen Kulturen, aus der Einzelgrabkultur, der Schönfelder Kultur sowie der Schnurkeramik entstanden so im Laufe des zweiten Jahrtausends v. Chr. in der Altmark Kulturen, die zu großen Teilen der bronzezeitlichen „Lüneburger Gruppe“ sowie der „Elb-Havel-Gruppe“ zugerechnet werden. Deren Siedlungsgebiete stellten ein Bindeglied zwischen der Nordischen Bronzezeit Skandinaviens und Norddeutschlands und den bronzezeitlichen Kulturen Mittel- und Süddeutschlands dar. Die Altmark war de facto Verbindungsglied und Schmelztiegel verschiedener Kulturen. Sie war in der gesamten Bronzezeit sowohl Einflüssen aus Skandinavien als auch aus Mittel-, Ost- und sogar Süddeutschland ausgesetzt. Das spiegelt sich natürlich auch im archäologischen Fundgut wider. Am Ende der Älteren bzw. zu Beginn der Jüngeren Nordischen Bronzezeit war offensichtlich auch der mecklenburgische Einfluss sehr stark. Bedeutende Fundstücke wie Halskragen, Beinbergen und besondere Fibelformen kommen entweder aus dieser benachbarten Gegend oder wurden entscheidend durch die dortigen Kulturen angeregt. Unverkennbar nahm zudem der Einfluss der seit der mittleren Bronzezeit Mitteldeutschland prägenden Lausitzer Kultur zu. Besonders deutlich wird das in der Altmark an mehreren typisch verzierten Grabgefäßen eines Hügelgräberfeldes bei Depekolk, das *Johann Friedrich Danneil* 1840 vor der völligen Vernichtung rettete, aber auch bei „Lausitzer Gefäßen“ aus Thüritz oder Groß Schwarzlosen. Die Lausitzer Kultur prägte die gesamte mittlere bis späte Bronzezeit Mitteldeutschlands und offensichtlich auch große Teile der Altmark.

Abb. 9, 10: Typische Verzierungen an Gefäßformen (P IV/P V) der späten Lausitzer Kultur (V 7201, V 7202) aus Thüritz

Gegen Ende der Bronzezeit kam es zu großen Veränderungen. Vielleicht eine Folge der zu Beginn des 12. Jahrhunderts v. Chr. sogar Ägypten erreichenden kriegerischen Seevölkerbewegung. Der Ausgangspunkt dieser „Völkerwanderung“ soll irgendwo im Norden liegen. Ein Ergebnis dieser Geschehnisse war scheinbar der Zusammenbruch vieler Handelswege. Das zog u. a. auch eine Materialverknappung nach sich. Es gelangte immer weniger Bronze in den Norden und folglich wurde das kostbare Material zunehmend sparsamer eingesetzt, oft sogar wieder durch Stein ersetzt. Diese Verknappung führte letztlich sogar zum Ende des nach ihr benannten Zeitalters, denn sie beförderte die Suche nach Alternativen. Die effektivste Alternative lag häufig direkt vor der „Haustür“, das Raseneisenerz - man musste nur noch lernen damit umzugehen.

Mit dem Beginn des Handels und der Verarbeitung von Eisen endete auch in der Altmark spätestens im 6. Jahrhundert v. Chr. die Bronzezeit. Aus den lüneburgischen, den altmärkischen und den mecklenburgischen Gruppen der Bronzezeit ging die eisenzeitliche Jastorfkultur hervor. Die Jastorfkultur war für die Entwicklung der germanischen Stämme von entscheidender Bedeutung. Der Ursprung der meisten elbgermanischen Stämme liegt in diesem Gebiet.

# DIE PERIODISIERUNG DER BRONZEZEIT

Obwohl die Hinterlassenschaften unserer Vorfahren schon immer das Interesse von Sammlern und Forschern auf sich zogen, war eine chronologische Ordnung der Funde lange nicht möglich. Bis in die Zeit der Aufklärung hinein orientierte man sich fast ausschließlich an der Bibel. In den 1830er Jahren legten dann aber drei bedeutende Frühgeschichtsforscher, fast parallel, eine systematisch-zeitliche Einteilung der ur- und frühgeschichtlichen Perioden dar.

Abb. 11: Johann Friedrich Danneil

Der Salzwedeler Gymnasialprofessor *Johann Friedrich Danneil* (1783-1868) orientierte sich 1836, ähnlich wie im Jahre 1837 der Leiter der Großherzoglichen Sammlungen in Schwerin, *Georg Christian Friedrich Lisch* (1801-1883), an den unterschiedlichen frühgeschichtlichen Grabformen. So war es dem dänischen Vorgeschichtsforscher *Christian Jürgensen Thomsen* (1788-1865) im Jahre 1836 (1837 in deutscher Übersetzung) vorbehalten, als Erster die bis heute gültige Einteilung der ur- und frühgeschichtlichen Perioden in die Stein-, Bronze- und Eisenzeit zu publizieren. Er sprach wörtlich von „Stein-Zeitalter", „Bronce-Zeitalter" und „Eisen- Zeitalter". *Danneil* hält man zu Gute, dass er seine Periodisierung anhand eigener Ausgrabungen erstellte, während *Thomsen* und *Lisch* sich *lediglich* an Ihren Sammlungsbeständen orientierten. *Thomsen* hat aber als Erster das noch heute gültige Dreiperiodensystem der Ur- und Frühgeschichte klar postuliert. Recht schnell wurde allerdings deutlich, dass auch diese

Einteilung noch unzureichend war. Um genauere typologische Einordnungen vornehmen zu können, erarbeiteten im Laufe der Zeit andere Forscher differenziertere Chronologiesysteme für jede der drei großen Epochen. So entwickelte der Schwede *Oskar Montelius* (1843-1921) für die Bronzezeit Skandinaviens und Norddeutschlands eine Chronologie, die im Jahre 1900 erstmals veröffentlicht wurde. Er unterteilte die Bronzezeit in sechs aufeinander folgende Perioden. Für die Ältere Nordische Bronzezeit unterschied er die Perioden I, II und III, darauf folgten die Perioden IV und V der Jüngeren sowie die Periode VI der Späten Nordischen Bronzezeit. Diese Periode wird heute allerdings meist bereits der frühen Eisenzeit zugeordnet.

Die südlicher angesiedelten bronzezeitlichen Kulturen passten aber nicht so recht in das nordische Schema. Sie werden deshalb der Bronzezeit Süd- oder Mitteldeutschlands zugerechnet und unterliegen einer von Montelius abweichenden Periodisierung. Diese Einteilung schuf der deutsche Archäologe *Paul Reinecke* (1872-1958). Er unterteilte die Bronzezeit und die sich anschließende Früheisenzeit („Hallstattzeit") in die Perioden Bronzezeit A-D und Hallstatt A-D. Für die frühe Bronzezeit steht die Periode Bz A, die folgende Mittelbronzezeit umfasst Bz B und Bz C und die späte Bronzezeit Bz D sowie Ha A und Ha B.

Beide Chronologien werden bis heute und sicherlich auch zukünftig weiter verfeinert. Da es teilweise erhebliche Unterschiede in der bronzezeitlichen Entwicklung der Regionen gab, wird in Deutschland heute mit beiden Periodisierungen gearbeitet. Aus den anschließenden Tabellen sind die Datierungsunterschiede beider Systeme ersichtlich und somit auch deren Vergleich möglich. Darin wird aber auch der Widerspruch sichtbar, dass einige Funde aus der Altmark, die eigentlich der Nordischen Bronzezeit zugerechnet wird, älter sind als es die Periode Montelius P I eigentlich „zulässt". Am absoluten Alter der Fundstücke ändert das allerdings nichts. Daher wird im Folgenden für die bronzezeitlichen Funde, die älter sind als 1600 v. Chr. das System von Reinecke verwendet. Ein erneuter Fingerzeig darauf, dass es niemals möglich sein wird, alle Funde immer in ein „passendes Schubfach" (Periodensystem) zu zwängen und dass die Altmark in der Regel sowohl für kulturelle als auch für materielle Einflüsse aus allen Himmelsrichtungen offen war.

| **Für Skandinavien, Norddeutschland, Baltikum**<br>Periodisierung nach *Oskar Montelius* | | **Für Mittel- und Süddeutschland, südliches Mitteleuropa**<br>Periodisierung nach *Paul Reinecke* | |
|---|---|---|---|
| | | | ungefährer Zeitraum |
| | ungefährer Zeitraum | Bz A1 | um/vor 2200 - 1950 v. Chr. |
| Endneolithikum | bis ca. 1600 v.Chr. | Bz A2 | 1950 - 1650 v. Chr. |
| P I | um/vor 1600 - 1400 v. Chr. | Bz A3 | 1650 - 1550 v. Chr. |
| P II | 1400 - 1250 v. Chr. | Bz B | 1550 - 1450 v. Chr. |
| P III | 1250 - 1050 v. Chr. | Bz C | 1450 - 1300 v. Chr. |
| P IV | 1050 - 800 v. Chr. | Bz D | 1300 - 1200 v. Chr. |
| P V | 800 - 600 v. Chr. | Ha A1-2 | 1200 - 1000 v. Chr. |
| P VI | 600 - 500 v. Chr. | Ha B1 | 1000 - 900 v. Chr. |
| ab 500 | Frühe Eisenzeit | Ha B2 | 900 - 800 v. Chr. |
| | | Ha B3 | 800 - 700 v. Chr. |
| | | Ha C-D | Frühe Eisenzeit |

# DIE FUNDPLÄTZE LÜBBARS UND MAXDORF – VOM KUPFERBEIL BIS ZUR NACKENGEBOGENEN AXT

## Mittlere Jungsteinzeit - Späte Bronzezeit P V (um 3600 - 600 v. Chr.)

An den Lübbarser Funden von 1936 und der Maxdorfer Doppelaxt lässt sich exemplarisch das Spektrum der Steingeräte, die seit der Mittleren Jungsteinzeit bis in die Jüngere Bronzezeit Verwendung fanden, veranschaulichen. Deshalb erscheint es als sinnvoll, diese Stücke zu Beginn vorzustellen.

Einen sicheren Hinweis auf die bereits sehr lange vor dem eigentlichen Beginn der Bronzezeit vorhandene Kenntnis der Metallbearbeitung stellen zwei einzigartige Fundstücke aus der mittleren Jungsteinzeit der westlichen Altmark dar. Zum einen handelt es sich dabei um ein kupfernes Flachbeil und zum anderen um eine Doppelaxt aus Felsgestein, eine sogenannte „Amazonenaxt“.

Im Jahre 1936 entdeckte der Bauer *Wilhelm Schulz* in der Feldmark Lübbars, heute Altmarkkreis Salzwedel, einige recht bedeutsame urgeschichtliche Funde auf seinem Acker. Dabei handelte es sich um ein zierliches graues Feuersteinbeil und ein Kupferflachbeil aus der Jungsteinzeit sowie um zwei Felsgesteinäxte aus der Jungsteinzeit bzw. der Jüngeren Bronzezeit.

Feuersteinbeile wurden früher häufig gefunden und den Museen übergeben, so dass sich auch in der Sammlung des Danneil-Museums eine große Anzahl an Feuersteinbeilen aus vielen Gemarkungen der Altmark befindet. Feuersteinflachbeile werden heute in der Regel in die mittlere bis späte Jungsteinzeit datiert. Da es sich um Steingeräte handelt, war es seit der Mitte des 19. Jahrhunderts Standard, solche Werkzeuge in die (Jung)Steinzeit zu datieren. Kupferbeile datierte man allerdings in die Bronzezeit, weil man zu wissen glaubte, dass es in der Steinzeit noch keine Metallverarbeitung gegeben haben kann.

Abb. 12: Kupferbeil aus Lübbars (V 2389)

Abb. 13: Kupferbeil aus Letzlingen (HK 24:88)

Abb. 14: Feuersteinflachbeil aus Lübbars (V 2387)

Das „feuersteinbeilähnliche“ Kupferflachbeil aus Lübbars ist wichtig für die Forschung, weil es sich um einen in Norddeutschland sehr seltenen Fund handelt. Aus der gesamten Altmark sind bisher nur zwei Kupferbeile bekannt. Das zweite Stück stammt aus Letzlingen und befindet sich in der Sammlung des Landesmuseums für Vorgeschichte in Halle. Eine Analyse des Lübbarser Kupferbeils ergab, dass es zu 99 % aus reinem Kupfer besteht. Die große Ähnlichkeit zwischen den neolithischen Feuerstein- aber auch Felsgesteinbeilen und den bisher bekannten Kupferbeilen ist unverkennbar. Auch die beiden Lübbarser Beile ähneln sich sehr. Möglicherweise hatte als Gussvorlage für das Kupferbeil ein unvollständig geschliffenes Feuersteinbeil gedient. Das Beil weist sowohl glatte als auch unregelmäßige Flächen auf. Auch viele Feuersteinbeile besitzen polierte (glatte) als auch geschlagene (ungeschliffene) Flächen. Tatsächlich ist es umstritten, ob derartige Kupferbeile als Vorbild für die Steinbeile dienten oder ob man durch das Gießen von Kupferbeilen Steinbeile nachahmte. Sicher ist lediglich, dass das Kupferbeil aus Lübbars nicht aus der Altmark stammt, sondern vor ca. 5500 Jahren vermutlich aus den österreichischen Alpen (dem Mondseegebiet) hierher gelangte. In Südeuropa war Kupfer bereits während der Jungsteinzeit weit verbreitet. In reiner Form ist das Metall sehr weich. So konnte es sich in Nordeuropa gegen die wesentlich härteren, hier hergestellten und verbreiteten Feuerstein- und Felsgesteingeräte auch nicht behaupten. Trotzdem stellten Kupferbeile für ihre Besitzer mit Sicherheit großartige Prestigeobjekte dar.

Befindet sich das Kupferbeil schon seit über 70 Jahren in der Museumssammlung, so ist ein anderes, ebenfalls sehr seltenes Gerät erst seit kurzer Zeit im Bestand.

Das Stück, es handelt sich um eine sogenannte Amazonenaxt, wurde um 1990 auf einem Lesesteinhaufen bei Maxdorf gefunden. Der Finder hängte die Axt an eine Stalltür seines Hofes, wo es 2004 zufällig vom Bodendenkmalpfleger *Hartmut Bock* aus Jübar entdeckt und ins Museum gebracht wurde.

Vorbild für die Amazonenäxte aus Felsgestein sind Doppeläxte aus Kupfer. Diese fertigte man im 4. Jahrtausend vor Christus vor allem in Südosteuropa an. Die Maxdorfer Axt stammt aus der Zeit um 3200 v. Chr. und ist damit etwas jünger als das Lübbarser Kupferbeil. Handelt es sich aber beim Kupferbeil um einen Import aus dem Süden, so stammt die Doppelaxt dagegen aus dem Norden, vielleicht wurde sie sogar in der Nähe des Fundortes hergestellt. Das hervorragend gearbeitete Exemplar bedingt aber in jedem Falle kupferne Vorbilder aus Südeuropa.

Sowohl das Kupferbeil als auch die Doppelaxt beweisen, dass bereits während der Jungsteinzeit europaweit reichende Handelsbeziehungen bestanden. Zudem gab es auch im Norden zu dieser Zeit schon eine Gesellschaftsschicht, die auf das Zurschaustellen ihres Reichtums großen Wert legte und sich das auch leisten konnte. Als Werkzeuge waren beide „Geräte“ unbrauchbar, stellten jedoch echte Kostbarkeiten dar. Vermutlich handelte es sich daher tatsächlich um reine Statussymbole.

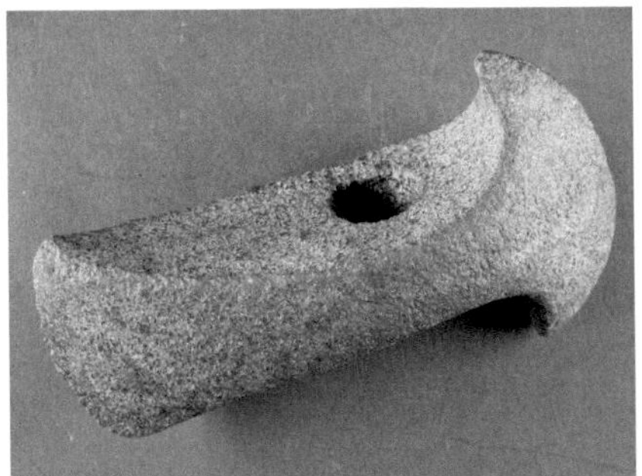

Abb. 15, 16: Steinerne Doppelaxt „Amazonenaxt“ aus Maxdorf (V 8885)

Zu der Zeit, als die beiden Objekte hergestellt wurden, errichtete man in der Altmark die Großsteingräber und bis zum Beginn der Bronzezeit dauerte es noch ca. 1500 Jahre. Die Erbauer der Megalithgräber und wohl auch Eigentümer der beiden wertvollen Geräte waren die sogenannten Trichterbecherleute. Eine altmärkische Sonderform dieser Gruppen wird als Altmärkische Tiefstichkeramik bezeichnet.

Abb. 17: Axt aus Felsgestein, Lübbars (V 2386), Späte Jungsteinzeit/Frühe Bronzezeit

Wie erwähnt fand der Bauer *Schulz* aus Lübbars nicht nur die beiden Beile sondern auch zwei Felsgesteinäxte.

Häufig hat es sich bei den als „Axt“ bezeichneten Geräten tatsächlich allerdings um Setzkeile gehandelt. Wichtige Indizien dafür sind die relativ stumpfen Schneiden und meist Schlagmarken aufweisenden Nackenflächen der Werkzeuge. Dazu kommt, dass die Schaftlöcher häufig schräg durchbohrt und viel zu eng für stabile Holzschäfte sind. Bei der einfachen „Axt“ aus Lübbars ist das Schaftloch auffällig schräg durchbohrt.

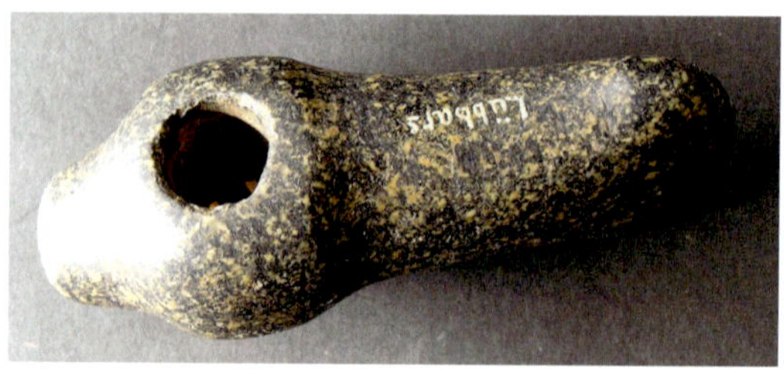

Abb. 18: Nackengebogene Axt, Lübbars (V 2385), P IV/P V

Als die akribisch hergestellte Nackengebogene Axt gefunden wurde, befanden sich im Schaftloch sogar noch mehrere kleine Bronzestifte sowie verkieselte Holzreste. Solche Äxte sind typisch für die späte Phase der Bronzezeit. Fast identische Stücke wurden vereinzelt in ganz Westeuropa gefunden. Entweder handelte es sich um eine (symbolische?) Waffe, einen Streithammer oder um ein Standeszeichen, ein Zepter, keinesfalls um eine Axt zum Holzhacken. Obwohl bereits 1938 eine Analyse der Bronzestifte den hohen Zinnanteil von 10% ergab, datierte man das Gerät noch lange in die Frühbronzezeit.

# DIE STEINGERÄTE DES SPÄTNEOLITHIKUMS UND DER FRÜHBRONZEZEIT – FEUERSTEINDOLCHE UND FELSGESTEINSÄXTE DER EINZELGRABKULTUR

## (Späte Jungsteinzeit/Bz A1/ A2, um 2300 -1800 v. Chr.)

Am Ende der Jungsteinzeit wurde die westliche Altmark durch die sogenannte Einzelgrabkultur, die östliche Altmark von der Schönfelder Kultur geprägt. Bezeichnend für die Einzelgrabkultur sind ebenso wie bei den Schnurkeramikern die gut gearbeiteten und häufig sehr regelmäßig mit Schnureindrücken verzierten Tongefäße. Insbesondere in der Feuerstein– und Geröllbearbeitung erreichten die Menschen der Einzelgrabkultur eine erstaunliche Meisterschaft. Die von ihnen hergestellten Geräte beweisen zudem engste Kontakte zu den frühbronzezeitlichen Kulturen. Viele der aus dieser Zeit stammenden Feuersteindolche, die als sogenannte Fischschwanzdolche den Endpunkt ihrer Entwicklung fanden, sind Adaptionen bronzener Vorbilder. Oft wurden sogar Gussnähte nachgeahmt. Das Salzwedeler Museum besitzt 52 Feuersteindolche unterschiedlicher Formen aus dieser Zeit. Zum größten Teil stammen sie aus der Altmark.

Abb. 19: Zwei Bronzedolche nachahmende Feuersteindolche aus Salzwedel, V 4396 (oben) und Kremkau (V 7160)

Abb. 20, 21: Dolchklingen, Miesterhorst (V 5017) und Mahlsdorf (V 6406)

Möglicherweise handelt es sich bei den klingenartigen Dolchen ohne separaten Griff um die früheste Form der Feuersteindolche. Um sie richtig handhaben zu können, mussten sie mit einem Griff versehen werden, wie das Beispiel aus dem Bodensee zeigt. Hier wurde die Klinge mit Birkenpech in einen Holunderholzgriff eingeklebt. Sicherlich hat man auch der Färbung des Feuersteins Beachtung geschenkt. Vielleicht bedeutete eine schönere Materialfärbung auch einen höheren Wert des Objektes.

Abb. 22: Dolch, Allensbach (B-W) mit Holunderholzschäftung

Abb. 23: Dolch, Jemmeritz (V 7165)

Möglicherweise bedeuteten kurze, verdickte aber noch nicht abgesetzte Griffe eine Weiterentwicklung der reinen Klingendolche. In der Regel sind die Griffenden dabei in etwa rhombisch und gerade, wie bei dem Stück aus Jemmeritz. Später wurde der Griff abgesetzt und stärker ausgearbeitet wie bei dem Dolch aus Ritze.

Abb. 24, 25: Dolch mit rhombischem Griff, Ritze (V 3606)

Eine Sonderform stellen die schmalen, stilettartigen, spitzen Klingen dar, bei denen Griff und Klinge in etwa die gleiche Länge und Breite haben und sich am Ende des Griffes ein halbrunder Knauf befindet, wie bei den drei folgenden Stücken.

Abb. 26: Stilettartiger Dolch, Darsekau (V 137)

Abb. 27: Stilettartiger Dolch mit abgesetztem halbrundem Knauf, Cheine (V 148)

Abb. 28: Stilettartiger Dolch mit halbrundem Knauf, Meßdorf V 5568

Abb. 29: Dolch mit rhombischem Griff und „Gussnaht“, Kremkau (V 7160)

Ähnlich wie bei den eben vorgestellten Stücken, geht auch bei dem Kremkauer Exemplar der Griff in die Klinge über. Der Dolch ist aber breiter als die drei vorherigen Exemplare. Der Griff weist die Nachahmung einer Gussnaht auf und ist sehr exakt gearbeitet.

Abb. 30: Dolch (?) mit kurzem und breitem Blatt, Andorf (V 2342)

Insgesamt nur 11cm lang ist der kurze „Dolch" aus Andorf, dessen dreieckige Klinge deutlich vom kurzen Griff abgesetzt ist. Das ist ähnlich wie bei dem etwa doppelt so langen Dolch aus Seeben, bei dem allerdings die Klinge weidenblattförmig ist. Beide Exemplare weisen große Ähnlichkeiten mit gleichzeitigen bronzenen Speer- oder Lanzenspitzen auf, die allerdings mit Hilfe von Tüllen geschäftet wurden. Eine Tüllenschäftung ist bei Feuersteingeräten natürlich nicht möglich.

Abb. 31: Dolch (?) mit weidenblattförmiger Spitze und Stielgriff, Seeben (V 143)

Abb. 32: Dolch mit ausgeprägtem Griff, Salzwedel (V 4396)

Nördlich von Salzwedel wurde ein schöner Dolch gefunden, dessen Griffseiten parallel verlaufen und sich am Griffende etwas aufweiten. Es handelt sich um die Kopie eines Bronzedolches. Eine Tendenz der Entwicklung in Richtung „Fischschwanzdolch“ ist bereits erkennbar, mehr noch aber bei dem kurzen Dolch aus Quarnebeck.

Abb. 33: Fischschwanzdolch, frühe Form, Quarnebeck (V 5087)

Mit echten Fischschwanzdolchen haben wir es bei den nächsten drei Stücken zu tun. Fischschwanzdolche stellen die letzte Stufe und den Höhepunkt in der Entwicklung der Feuersteindolche dar. Sie wurden in der Frühbronzezeit, um 1800 v. Chr., offensichtlich sehr rege gehandelt. Namengebend ist der fischschwanzähnlich aufgeweitete Griff. Oft tragen diese Dolche imitierte Gussnähte auf einer Seite des Griffes. Meist sind die Griffenden im Profil dreieckig, bei den frühen Formen kommen aber auch noch rhombische Querschnitte vor.

Abb. 34: V 7320

Abb. 35: V 5085A

Abb. 36: V 2181

Abb. 37: Fischschwanzdolch, Güssefeld (V 7320)

Abb. 38: Fischschwanzdolch, Sachau (V 5085)

Abb. 39: Fischschwanzdolch, Bohldamm (V 2181)

Nicht nur die Dolche, auch viele Äxte bzw. Keile aus Felsgestein sind Nachahmungen von Bronzegeräten. Auch sie wurden mit außerordentlicher Präzision und Kunstfertigkeit gearbeitet und übertreffen darin häufig sogar ihre Vorbilder. Man findet neben nachgeahmten Gussnähten noch weitere imitierende Verzierungen.

Abb. 40: Felsgesteinsaxt der Einzelgrabkultur mit den Metallguss imitierenden Verzierungselementen aus Groß Chüden (V 37)

Zudem wurden die Stücke aus ausgewählten feinkörnigen, oft einfarbigen Gesteinen hergestellt. Man vermutet, dass viele der Felsgesteingeräte im Tausch gegen Fertigprodukte aus Bronze oder gegen Bronzebarren in das Aunjetitzer Gebiet gelangten.

Abb. 41: Doppelaxt, Unterseite mit umlaufender Ritzlinie, Groß Chüden (V 37)

Diese steinerne Doppelaxt mit Gussnaht-Imitationen ist ein sicherer Hinweis auf die Kenntnis metallurgischer Vorgänge. Allerdings stand zu dieser Zeit im Norden erst sehr wenig Bronze zur Verfügung. Daher „begnügte" man sich am Ende der nordischen Jungsteinzeit mit der Nachahmung bronzener Vorbilder. Noch auffälliger ist das bei den phantastisch gearbeiteten Bootsäxten der Einzelgrabkultur. Der Axtkörper ähnelt einem Kanu, ahmt aber bis in kleinste Details bronzene Vorbilder nach. Entweder handelte es sich bei diesen Stücken um Waffen, um Statussymbole oder um beides.

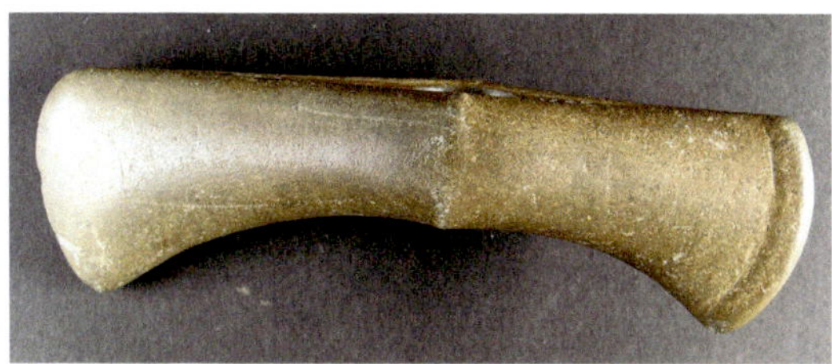

Abb. 42: Bootsaxt, Seitenansicht, Hanum (V 85)

Abb. 43: Bootsaxt, von unten, Hanum (V 85)

Abb. 44: Bootsaxt, Jübar (V 84)

Abb. 45. Bootsaxt mit stumpfem Nackenteil aus Ahlum (V 8956)

# DIE STEINGERÄTE DER JÜNGEREN BRONZEZEIT ODER FRÜHEN EISENZEIT – ÄXTE/KEILE, MESSER

## (P IV – P VI, 1050 - 500 v. Chr.)

Abb. 46: Nackengebogene „Axt", Streithammer, Seeben (V 141), P IV/P V

Insbesondere in der Jüngeren Bronzezeit kamen Felsgesteinsgeräte wieder sehr in Mode. Obwohl die Bezeichnung „Axt" eigentlich ein geschäftetes Spaltwerkzeug suggeriert, so handelte es sich in den meisten Fällen aber wohl um durchbohrte Spaltkeile, manchmal sicherlich auch um „Streithämmer" oder Keulen. Die Schaftlöcher dienten oft lediglich zum Fixieren des Keils mit Hilfe eines kurzen Griffes. Oft sind sie viel zu klein zur Aufnahme eines langen Stiels, sitzen zu weit hinten oder verlaufen sogar schräg. Die Handhabung als Schlagwerkzeug ist in solchen Fällen unvorstellbar. Die Nacken (Bahnen) dieser Geräte sind in der Regel durch Schlageinwirkungen stark abgenutzt. Die späten Geröllgeräte, ob Keil oder Waffe, sind meist sehr präzise gearbeitet. Die Ähnlichkeit mit heutigen Spaltkeilen ist manchmal frappierend.

Abb. 47: Spaltkeil, Winkelstedt b. Kalbe/Milde (V 7007), P IV - P VI

Abb. 48: Spaltkeil, Diesdorf (V 3758), ab P VI

Dieses prächtige Stück aus Rombenporphyr stammt vermutlich aus der Frühen Vorrömischen Eisenzeit.

Abb. 49, 50: Nackengebogene Axt der Jüngeren Bronzezeit (P V) aus Lübbars (V 2385 a) sowie vier Bronzestifte (V 2385 b) aus dem Schaftloch

Vom Ende der Bronzezeit stammen einige sehr sorgsam gearbeitete nackengebogene Äxte oder Setzkeile, die bisher in vielen Teilen Europas in fast identischer Form aber immer nur vereinzelt auftreten. Eines dieser Geräte wurde wie erwähnt 1936 durch den Landwirt *Schulz* in Lübbars gefunden. Im Schaftloch der Axt steckten noch verkieselte Holzreste sowie mehrere kleine Bronzestifte.

Nicht zuletzt durch das Entdecken solcher Bronzestifte, Lübbars ist kein Einzelfall, weiß man heute, dass ein Großteil dieser Stücke aus der jüngeren Bronzezeit oder gar noch aus der Eisenzeit stammt.

Abb. 51, 52: Spaltkeil mit Nackenzapfen, Wernitz (V 5103), ehemalige Kreissammlung Gardelegen, P V/P VI

Sehr selten gefunden wurden bisher Keile (Äxte) mit Nackenzapfen, wie das vorgestellte Exemplar aus Wernitz. Da es aus einem Fundzusammenhang nicht zu datieren ist, müssen Vergleiche hinzugezogen werden. Ein ähnliches Stück stammt aus Hagenau im Elsass, das in die Spätphase der Bronzezeit, möglicherweise sogar noch in die Frühe Eisenzeit datiert wird.

Abb. 53: Streithammer, Potzehne (V 5132), ehemalige Kreissammlung Gardelegen, P IV/P V (?)

Das etwas plump wirkende Gerät aus Potzehne ist trotzdem sehr ausgewogen. Sowohl die Finne als auch die scheibenförmige Bahn sind gleichmäßig herabgezogen. Das Schaftloch ist ausreichend dimensioniert und der mittlere Bereich, wegen des großen Loches, so verstärkt, dass es sowohl als Werkzeug als auch als Waffe hätte verwendet werden können, ohne zu zerbrechen. Wie es letztlich tatsächlich benutzt wurde, als Hammer, Streithammer oder gar als Zepter, muss offen bleiben.

Abb. 54. Keil mit beidseitig unvollendeter Vollbohrung, Höddelsen (V 9001)

Geröllgeräte ohne eindeutigen Fundzusammenhang zu datieren, erweist sich manchmal als sehr schwierig, insbesondere wenn keine eindeutigen Merkmale vorhanden sind. So könnte das Stück aus Höddelsen sowohl aus der Bronzezeit als auch aus der Vorrömischen Eisenzeit stammen. Gar nicht so selten sind Geräte, bei welchen die Bohrung nicht zu Ende gebracht wurde, die aber trotzdem Schlagmarken im Nacken und Beschädigungen der Schneide aufweisen. Das ist ein deutlicher Hinweis darauf, dass sie als Setzkeil Verwendung fanden. Warum nicht zu Ende gebohrt oder damit überhaupt begonnen wurde, lässt sich heute nicht mehr erschließen. Gab es dafür religiöse Gründe? Gegen die Verwendung als Keil sprach das offensichtlich aber nicht.

Abb. 55. Rillenbeil, Kalbe/Milde (V 71489), vermutlich Bronzezeit

Auch Felsgesteinsgeräte mit umlaufender „Schäftungsrille“ sind nicht selten, trotzdem gibt es bisher nur wenige Veröffentlichungen darüber. Im Allgemeinen werden sie bronzezeitlich eingestuft, als Rillenhämmer bezeichnet und mit bergbaulicher Tätigkeit in Verbindung gebracht. Das ist allerdings bei dem Fundort Kalbe/Milde sehr in Frage zu stellen. Möglicherweise gab es solche Geräte schon am Ende der Jungsteinzeit und bis in die Eisenzeit hinein. Bei dem Kalbenser Stück fehlt die „Schneide“. Die Form erinnert an einen Phallus, was an eine kultische Funktion als Fruchtbarkeitssymbol denken ließe.

Abb. 56: Halbmondmesser aus Feuerstein, Zethlingen (V 8998), Bronzezeit

Neben Pfeilspitzen aus Feuerstein verwendete man in der Bronzezeit auch andere Kleingeräte aus diesem Material. Bei einem sogenannten Halbmondmesser aus Zethlingen handelt es sich um ein typisch bronzezeitliches Gerät, das allerdings nicht genauer datiert werden kann.

# EIN FRIEDHOF DER EINZELGRABKULTUR VON BRUNAU

## (Altmarkkreis Salzwedel, Späte Jungsteinzeit, um 2300 - 2150 v. Chr.)

Im Jahre 1995 fand der Bodendenkmalpfleger *Stefan Götze* aus Brunau nahe des Dorfes am Hang eines Sandberges Scherben mit Leichenbrand. Eine Begutachtung der Scherben mit auffälliger Schnurverzierung ergab, dass es sich dabei um die Überreste einer Brandbestattung vom Ende der Jungsteinzeit handelte, die der Einzelgrabkultur zuzuordnen waren. Da der Fundplatz gefährdet war, wurde im Oktober 1995 eine Notgrabung durchgeführt. Bei dieser Gelegenheit konnte ein komplettes Urnengrab geborgen werden. Einige Monate später entdeckte *Götze* hier zudem die Reste eines dritten Brandgrabes.

Abb. 57: Die Ausgrabungssituation von Brunau

Der Leichenbrand der ausgegrabenen Urne wurde an der Freien Universität Berlin bestimmt. Die zuerst entdeckten Knochenreste waren verunreinigt und daher zeitlich nicht zu bestimmen. In beiden Fällen handelte es sich aber um den Leichenbrand von Kindern im Alter von zwei und sechs Jahren. Die $^{14}C$- Analyse der Knochenfragmente des etwa zweijährigen Kindes ergab eine Datierung in die Zeit von 2300-2150 v. Chr.. Im Leichenbrand befanden sich außer einer kleinen zerbrochenen Feuersteinspitze sowie mehrerer Scherben zweier Beigefäße keine weiteren Beigaben.

Die erst nach der Ausgrabung entdeckten Knochenreste wurden an der Universität Bamberg untersucht. Eine $^{14}C$-Analyse erschien nicht sinnvoll, da es sich hier wiederum nur um verunreinigte Lesefunde handelte. Die Knochenreste konnten aber auf Alter und Geschlecht untersucht werden. Es handelte sich demnach um die Überreste einer erwachsenen, ca. 30-jährigen grazilen Frau. An einigen der Knochenfragmente wurden Verfärbungen metallischen Ursprungs erkannt. Das bedeutet, dass die Tote während der Verbrennung offensichtlich kupfernen oder bronzenen Schmuck trug. In der Übergangszeit zur Bronzezeit war das wahrscheinlich nicht ungewöhnlich. Ungewöhnlich für die Einzelgrabkultur war bis dahin allerdings noch das Verbrennen der Toten. Dieser Ritus wird vermutlich auf den Einfluss der benachbarten und zeitgleichen ostaltmärkischen Schönfelder Kultur zurückzuführen sein.

Abb. 58: Schnurbecher, Brunau (V 8793 a)

Abb. 59: Schnurbecher, Brunau (V 8794 a)

Die Fragmente des ca. 15 cm hohen Bechers (V8793a) wurden am Fuß des Sandberges gefunden. Deutlich erkennbar sind die zeittypischen, sehr sauber ausgeführten, umlaufenden Schnurverzierungen unterhalb des Randes. Der Leichenbrand stammte von einem fünf- bis sechsjährigen Kind, zudem befanden sich tierische Knochenreste darin.

Das schnurverzierte, 11,6 cm hohe Gefäß V8794a wurde ausgegraben. In ihm befand sich der Leichenbrand eines etwa zweijährigen Kindes, der per $^{14}$C-Methode datiert werden konnte.

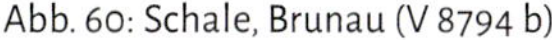

Abb. 60: Schale, Brunau (V 8794 b)

Abb. 61: Bodenfragment zur Abdeckung des Leichenbrandes, Brunau (V 8974 c)

Einige Scherben einer mit umlaufenden Einstichen verzierten Schale hatte man an die Urne gelehnt. Weitere Scherben dieses Gefäßes lagen etwa einen Meter davon entfernt. Der Leichenbrand wurde in der Urne mit dem Bodenfragment eines dritten Gefäßes zugedeckt. Im Leichenbrand befanden sich zwei Teile einer zerbrochenen Feuersteinklinge. Die Bruchstücke der Klinge lagen nicht zusammen und weisen Merkmale von Feuereinwirkung auf. Sie hat demnach auf dem Scheiterhaufen gelegen und ist absichtlich zerbrochen worden. Die Klinge ist nur 3 cm lang.

Abb. 62: Feuersteinklinge, Brunau (V 8794 e)

# DER HORTFUND VON GROSS SCHWECHTEN

## (Landkreis Stendal, Bz A1/A2, um 2000 - 1700 v. Chr.)

Im 14. Jahresbericht des altmärkischen Geschichtsvereins berichtete der damalige Vereinssekretär *Friedrich Theodor Zechlin* im Jahre 1864 über einen wichtigen und äußerst interessanten Neufund aus der Altmark. Dabei handelte es sich um *„zehn ausgezeichnete seltene Dolchklingen, 17 dazu gehörige Niete und vier Ringe, alle sehr gut erhalten“* ... Diese Gegenstände wurden ... *„im Jahre 1861 bei Groß–Schwechten in der Nähe Stendal´s von dem Arbeiter Chr. Bühnemann, welcher verfaulte Kienenstämme in der dortigen Gemeindeforst rodete, unter einem derselben aufgefunden. Sie lagen in einem irdenen, mit einem breiten deckelartigen Granitstein bedecktem Topfe, der beim Herausnehmen in Stücke ging.“*

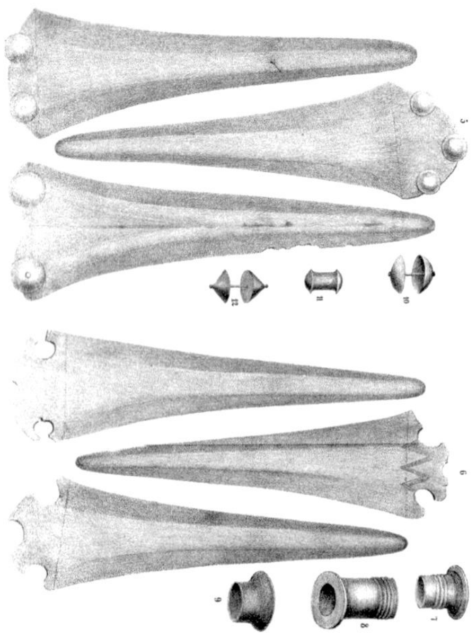

Abb. 63: Stabdolchklingen, Nieten und Schaftschuhe aus Groß Schwechten, 14. JBAGV

Von den aufgezählten zehn Klingen befanden sich 1965 sieben in der Sammlung des Salzwedeler Museums. Bereits 1890 waren drei der Klingen sowie ein Schaftschuh (einer der als „Ringe“ bezeichneten Stücke) nach Berlin gelangt. Der gesamte Fundkomplex war bis dahin im Besitz des Altmärkischen Geschichtsvereins. 1890 tauschte man dann die erwähnten Bronzen gegen verschiedene Bronzefunde der Berliner Sammlung, sie befinden sich noch heute in der Salzwedeler Museumssammlung. Zwei der „Berliner" Klingen sind noch immer Bestand der Staatlichen Museen zu Berlin. Zum Verbleib der dritten Klinge gibt es keine Anhaltspunkte. Möglicherweise ist sie im 2. Weltkrieg verloren gegangen. Die beiden noch existenten Berliner Stabdolchklingen sowie der zugehörige Schaftschuh waren 2012 erstmals nach über 120 Jahren, als Leihgabe der Staatlichen Museen, wieder in Salzwedel zu sehen. Sie werden jetzt in der neuen Dauerausstellung des Neuen Museums auf der Berliner Museumsinsel gezeigt.

Da die Klingen mit sämtlichem Zubehör in einem zugedeckten Keramikgefäß entdeckt wurden, handelte es sich hier wohl um einen Hort- oder Depotfund. Neuerdings bezeichnet man solche Fundkomplexe auch als Verwahrfunde. Ausnahmslos handelte es sich um Stabdolchklingen und deren Zubehör. Die Klingen schäftete man nicht wie Dolche oder Schwerter, sondern wie Beile im rechten Winkel zum Stiel. In dieser Form ist allerdings eine präzise und sinnvolle Handhabung der Klingen nur schwer vorstellbar. Deshalb und anhand von Darstellungen auf Felsbildern aus Schweden, Süddeutschland oder Italien vermutet man, dass Stabdolche vor allem Standeszeichen waren. Die ursprünglichen Besitzer des Schwechtener Bronzehortes waren daher wohl einst bedeutende Würdenträger. Warum man die Stücke versteckte, ist anhand der Fundumstände nicht mehr nachvollziehbar. Handelte es sich um Opfergaben, wurde der Hort vor Feinden verborgen oder war er in den Augen der Besitzer (vielleicht aus religiösen Gründen) wertlos geworden, wie man es heute für die Himmelsscheibe vermutet? In diesem Falle hätte man ihn aber vermutlich eingeschmolzen.

Eine moderne Metallanalyse von neun Schwechtener Stücken erbrachte, bis auf eine Ausnahme, dass es sich dabei um Bronzen mit einem sehr geringen Zinnanteil handelt.

Analysiert wurden fünf Klingen sowie vier der Nieten. Bei drei der Proben war der Arsenanteil vergleichsweise hoch, bei fünf Proben war nach Nickel vor allem Antimon der wichtigste Zuschlagstoff zum Kupfer. Der Kupferanteil lag zwischen 92% und 95% und nur bei der zinnhaltigen Bronze betrug er 89%. Mit Ausnahme dieser Klinge lag auch der Silberanteil der Legierung immer über dem des Zinns. Aber selbst hier ist das Zinn nur in einer Größenordnung von 4,4% vorhanden, so dass noch nicht von klassischer Bronze die Rede sein kann.

In Mitteldeutschland datiert das Gros der Stabdolche in die Frühbronzezeit und zwar in die Zeit um 2000 bis um 1700 vor Christus. Als Herkunftsgebiet der Schwechtener Stabdolche wird die Gegend um Halle vermutet. Aus einem Bronzehort von Dieskau stammt ein ähnlicher Fundkomplex. Demnach gelangten die Groß Schwechtener Stücke wohl aus dem Herzen der frühbronzezeitlichen Aunjetitzer Kultur Mitteldeutschlands in die Altmark.

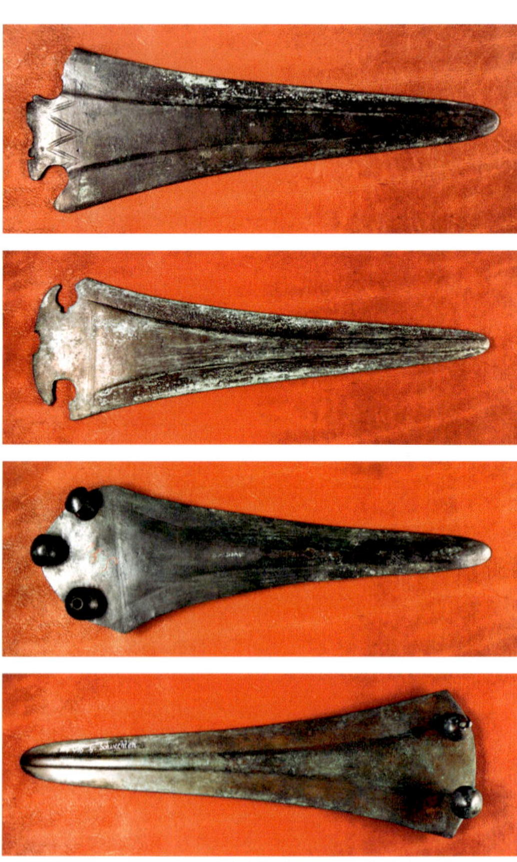

Abb. 64, 65, 66, 67: Stabdolchklingen, Groß Schwechten (V 411, V 414, V 415, V 416)

Abb. 68: Stabdolchklinge, Groß Schwechten (V 417)

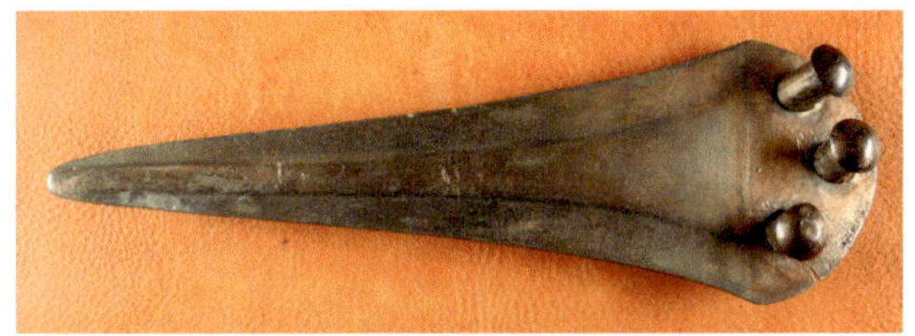

Abb. 69: Stabdolchklinge, Groß Schwechten,
Staatliche Museen zu Berlin (Ig 997)

Abb. 70: Stabdolchklinge, Groß Schwechten,
Staatliche Museen zu Berlin (Ig 998)

Ingesamt waren im Jahr 1861 zehn Stabdolchklingen sowie diverse Nieten und Schaftschuhe in einem großen Keramikgefäß bei Groß Schwechten entdeckt worden. Die beiden Berliner Klingen besitzen die Inventarnummern Ig 997 und Ig 998. Eine dritte Klinge ist verloren gegangen.

Abb. 71, 72, 73: Doppelnieten, Groß Schwechten (V 418 e, V 419 b, V 420 a)

Die Doppelnieten wurden in unterschiedlicher Form verwendet. Es gab sowohl massive als auch hohle Stücke.

Abb. 74, 75, 76: Schaftschuhe, Groß Schwechten (V 421 a, V 421 b, V 421 c)

Auch die Schaftschuhe kommen in unterschiedlichen Formen und Größen vor. Sie bildeten den oberen oder unteren Abschluss des Holzschaftes.

Im Jahre 1890 tauschte der Altmärkische Geschichtsverein drei der Groß Schwechtener Stabdolchklingen und einen Schaftschuh u. a. gegen zwei abgetreppte Zierknöpfe aus Hohenwalde in der Neumark (Warthekreis). Diese waren, zusammen mit 324 weiteren Zierknöpfen, Bestandteil eines Bronzehortes aus dem 8./9. Jh. vor Christus gewesen. Man vermutet, dass die Knöpfe einst auf einem Schamanengewand aufgenäht waren.

Abb. 77: Zwei Zierknöpfe, Hohenwalde (V 460), P V

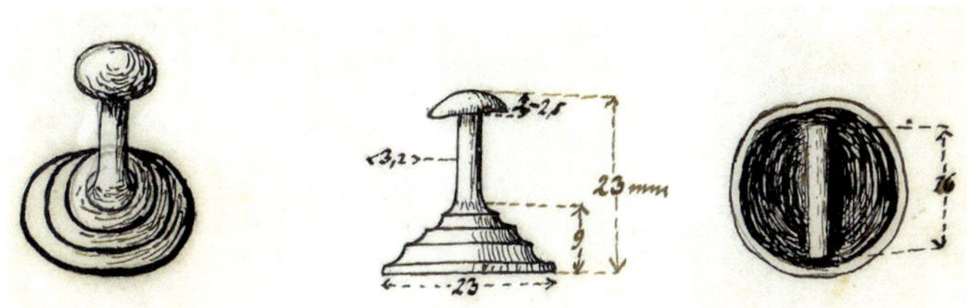


Abb. 78: Maßzeichnung eines Hohenwalder Knopfes aus den Fundunterlagen des Museums mit der Bemerkung: „Erworben im Austausch vom Museum für Völkerkunde in Berlin XII 1890.“

Abb. 79: Knopfsichel, Fundort unbek. (V 464)

Abb. 80: Knopfsichel, Fundort unbek. (V 466)

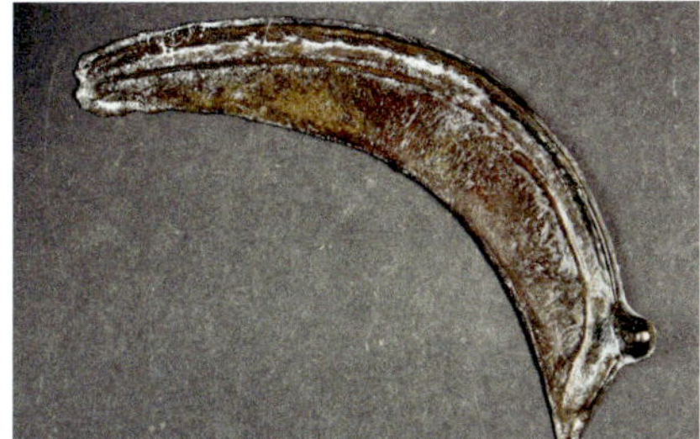

Abb. 81, 82: Knopfsichel, Vorder- und Rückseite, Fundort unbek. (V 467), alle P III – P V

Zusammen mit den Hohenwalder Knöpfen überließ das Berliner Völkerkundemuseum der Sammlung des Geschichtsvereins noch weitere Bronzeobjekte. Nach Einsichtnahme der Berliner Unterlagen zeigte es sich, dass nur bei den Knöpfen die Herkunft gesichert ist, sonst die jeweiligen Fundorte aber unbekannt waren. Zu den eingetauschten Objekten zählten mehrere Knopfsicheln, deren Verwendung als Arbeitsgerät allerdings fraglich erscheint. Es gibt heute Vermutungen, dass es bei diesen Sicheln möglicherweise um ein „Zahlungsmittel" der späten Bronzezeit handelte. Bronze wurde damals immer seltener und daher auch kostbarer. Die Rückseiten solcher „Sicheln" sind immer unverziert.

# DER HORTFUND VON KLÄDEN

## (Landkreis Stendal, Bz A2, um 1750 -1650 v. Chr.)

Im Geschäftsbericht, der im 7. Jahresbericht des Altmärkischen Geschichtsvereins veröffentlicht wurde, berichtete *Johann Friedrich Danneil* im Jahre 1844 folgendes: *„Im Herbst dieses Jahres* (vermutlich 1843) *deckte ein Ackermann in Kläden bei Stendal in einer Ackerbreite ein schon verflachtes Kegelgrab auf und fand eine Menge Erzgeräthe, von denen das Meiste, nämlich 12 Frameen, eine Speerspitze und eine Nadel in die Hände des Herrn* Domherrn v. Levetzow-Kläden *gelangte, dessen Sammlung die Gegenstände einverleibt sind."*

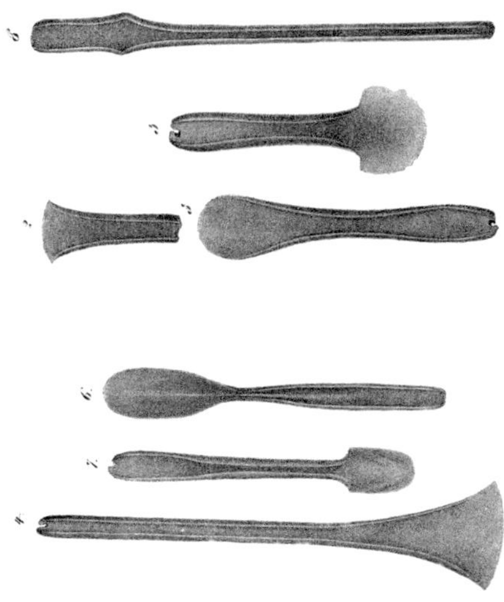

Abb. 83: Darstellung eines Teiles des Klädener Hortfundes im 7. JBAGV

Im Anschluss fügte *Danneil* eine Beschreibung der „Frameen" bei, die Speerspitze und die Nadel hielt er für nicht besonders erwähnenswert und beschrieb sie daher nicht näher. Bei den von *Danneil* als *Frameen* bezeichneten Geräten handelt es sich um verschiedene frühbronzezeitliche Beil- und Meißelformen, die zum Teil sehr ungewöhnlich und in Europa noch bis heute sehr selten sind. Dem kurzen Bericht zufolge sind heute nicht mehr alle Fundstücke des Klädener Bronzehortes vorhanden. Die erwähnte Speerspitze ist nicht auffindbar und wo der Rest des Fundes sich befindet, den Danneil suggeriert, war möglicherweise schon damals nicht mehr bekannt. In die Salzwedeler Sammlung gelangten zehn Beile bzw. Meißel und die Nadel. Sie gehören heute zu den herausragenden Objekten der urgeschichtlichen Exponate des Museums. Zwei der Beile befinden sich im Besitz der Staatlichen Museen Berlin. Eventuell sind auch sie, wie die Groß Schwechtener Stücke, über Salzwedel nach Berlin gekommen. Aber im Gegensatz zu jenen, die 1890 nach Berlin eingetauscht wurden, ist darüber nichts bekannt.

Die Zusammensetzung und Größe der Kollektion legt die Vermutung nahe, dass es sich hier nicht um einen Grabfund, wie *Danneil* meinte, sondern um einen Hortfund handelt.

Das Außergewöhnliche an dem Klädener Bronzeschatz ist dessen Herkunft.

Die Geräte stammen höchstwahrscheinlich aus den Schweizer Westalpen und sind in der dortigen Rhone-Aare-Kultur anzusiedeln. Damit sind die Stücke Ausdruck eines regen Tauschhandels während der Frühbronzezeit. Das Zinn stammt vermutlich aus dem Aunjetitzer Gebiet, dem Erz- oder Fichtelgebirge, das Kupfer könnte dagegen im direkten Umfeld der Rhone-Aare-Kultur gefördert worden sein. Die Stücke hatten demnach bereits weite Wege hinter sich, bevor sie in Kläden in den Boden gelangten. Zwei der Beilformen werden heute trotz der eigentlichen Herkunft nach ihrem Erstfundort als Typ „Kläden“ bezeichnet. Auch das zeigt, wie ungewöhnlich die Formen dieses Bronzehortes sind. Vermutlich stellten die meisten Stücke Statussymbole frühbronzezeitlicher Fürsten dar. Erwähnenswert ist in diesem Zusammenhang, dass ähnlich zusammengesetzte Fundkomplexe außerhalb der Schweiz bisher immer in der Nähe größerer Flüsse entdeckt wurden. Flüsse waren damals die Haupthandelsstraßen. Soweit es ging wurden sie befahren, manchmal bis nahe an deren Quellen. Über Land benutzte man die meist schlecht ausgebauten und unsicheren Wege so wenig wie möglich. In der Regel überbrückte man an Land nur die Wasserscheiden. So musste man aus dem Flusssystem der Donau kommend nur ein kurzes Stück über den Böhmerwald ziehen, um zu einer der Moldauquellen und damit in das Stromgebiet der Elbe zu gelangen.

Eine Analyse der in Salzwedel befindlichen Bronzen ergab recht große Unterschiede in den Metallgehalten. Nur eines der beprobten Geräte weist bereits die klassische Legierung echter Bronzen auf (ca. 90% Kupfer und 10% Zinn). Die anderen Stücke haben einen geringeren Zinnanteil und sind daher vermutlich etwas älter. Als Faustregel gilt, je weniger Zinn desto älter das Stück. Die für die frühe Bronzezeit typischen Randleisten charakterisieren alle Geräte. Demnach stammt der Fundkomplex aus der Frühbronzezeit, gelangte aber nicht vor 1650

v. Chr. in den Boden. Die aktuellste Einordnung datiert den Fund zwischen 1750-1650 v. Chr. Der Klädener Bronzehort wird ebenso wie der Groß Schwechtener, der vermutlich etwas älter ist, der altmärkischen Gruppe der Aunjetitzer Kultur zugerechnet.

Bis auf die fehlende Speerspitze konnte der gesamte bekannte Fundkomplex, zu dem im 19. Jahrhundert auch die beiden Berliner Stücke gehörten, zum ersten Mal seit über 150 Jahren wieder vollständig in der Salzwedeler Sonderausstellung präsentiert werden. Seit einigen Jahren befindet er sich ansonsten als Leihgabe des Danneil-Museums und der Staatlichen Museen zu Berlin in der Dauerausstellung zur Frühbronzezeit des Landesmuseums für Vorgeschichte in Halle.

Abb. 84: Alle heute noch vorhandenen Bestandteile des Klädener Hortfundes

Abb. 85: Randleistenbeile vom Typ „Kläden", Kläden (V 426) oben, Staatliche Museen zu Berlin (Ig 995)

Das untere der beiden Beile gelangte in die Berliner Sammlung. Sicherlich, weil die beiden Stücke sich sehr ähnelten, meinte man, eines davon weggeben zu können. Das obere Beil ist 33,5cm, das untere 33,6cm lang.

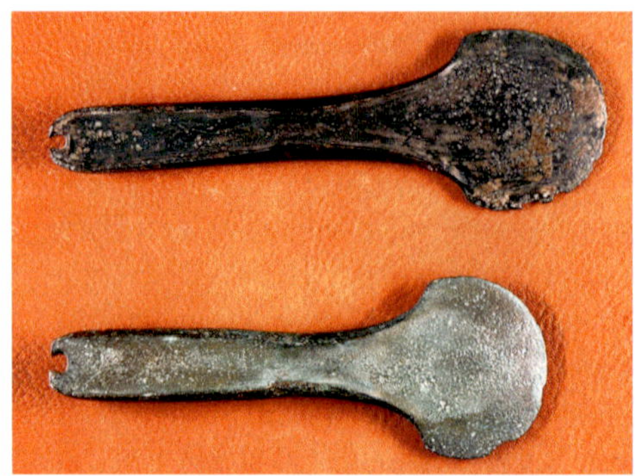

Abb. 86: Randleistenbeile vom Typ „Langquaid", Kläden (Ig 996, oben), Staatliche Museen zu Berlin und V 425 (Museum Salzwedel)

Das obere der beiden Beile vom Typ „Langquaid" gelangte ebenfalls nach Berlin. Ob und wogegen die „Berliner" Stücke eventuell getauscht wurden, ist nicht bekannt. Dieser Typ wurde nach einem Fundort in der Nähe Ingolstadts in Bayern benannt. Beide Exemplare tragen die für viele der frühen Randleistenbeile typische „Langquaidkerbe" am Nacken. Bis heute ist nicht klar, welchen Zweck die Kerben erfüllten. Vielleicht wurden hier Materialproben entnommen, denn qualitätsvolle Bronzen waren zu der Zeit noch nicht sehr häufig. Wenn das Gerät geschäftet war, dann war die unschöne Kerbe nicht mehr zu sehen.

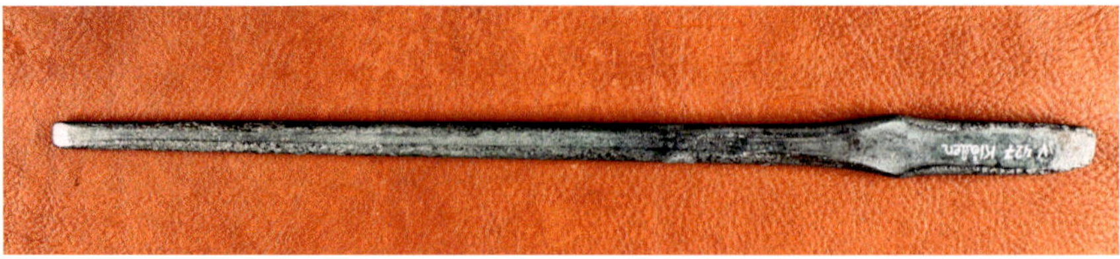

Abb. 87: Knickrandmeißel, Kläden (V 427)

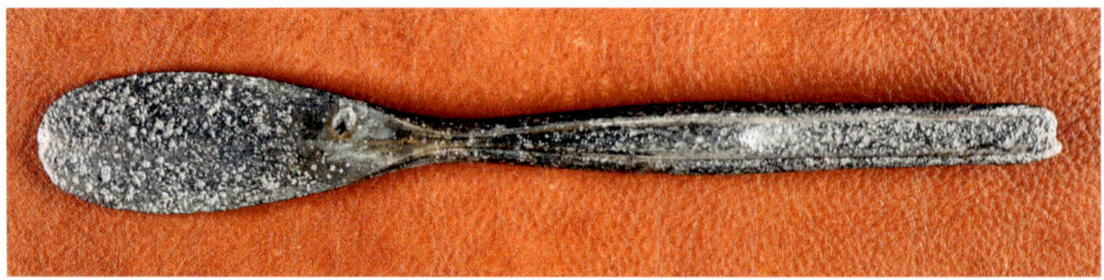

Abb. 88: „Löffelbeil", Typ „Bevaix", Kläden (V 428)

Abb. 89: „Löffelbeil", Kläden (V 429)

„Löffelbeile" sind Geräte, deren Verwendungszweck sich bisher nicht so recht erschließt. Möglicherweise handelte es sich dabei um medizinische Geräte oder tatsächlich „nur" um Statussymbole, was häufig vermutet wird.

Abb. 90: Randleistenbeil, Typ „Rümlang", Kläden (V 430)

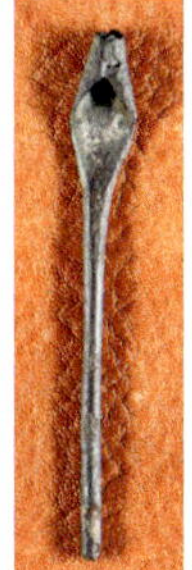

Abb. 91: Randleistenbeil, Typ „Genève", Kläden (V 431)
Abb. 92: Rautennadel, Kläden (V 432)

Mit Ausnahme der Geräte vom Typ „Kläden" und „Langquaid" wurden die meisten anderen Stücke nach Schweizer Fundorten benannt, da sie zuerst aus dortigen Fundzusammenhängen der Frühbronzezeit bekannt wurden. Außer den Beilen und Meißeln ist vom Klädener Hort nur ein, zudem noch unvollständiges, Schmuckstück vorhanden. Dabei handelt sich um das Fragment einer Rautennadel, einer häufigen Grabbeigabe der Rhone-Aare-Kultur.

# DREI ARMSTULPEN BZW. MANSCHETTENARMRINGE AUS BELLINGEN

## (Landkreis Stendal, Bz A1/A2, um 2000-1650 v. Chr.)

Im Jahre 2007 entdeckte der Bodendenkmalpfleger *Jan Stammler* (†) aus Stendal während einer Flurbegehung auf einem seit langem bekannten ur- und frühgeschichtlichen Siedlungsplatz einen weiteren interessanten Fundkomplex aus der Frühbronzezeit. Auch durch diesen Fund wird immer deutlicher, dass die Aunjetitzer Kultur zu dieser Zeit große Teile der östlichen Altmark beherrschte oder dort zumindest sehr großen Einfluss besaß.

Abb. 93: Die drei Armstulpen aus Bellingen waren Leihgaben des Landesmuseums für Vor- und Frühgeschichte Sachsen-Anhalt (HK 2007- 69288 a- c).

Wahrscheinlich handelt es sich auch hier um einen Hortfund, was sich anhand der Fundsituation aber nicht mit letztendlicher Sicherheit belegen lässt. Denkbar wäre auch, dass sich am Fundort ursprünglich frühbronzezeitliche Gräber befanden. Mindestens seit dem Mittelalter wird hier Ackerbau betrieben, so dass die Fundplatzsituation sich spätestens seit dieser Zeit sehr stark verändert hat.

Bei den drei entdeckten Stücken handelt es sich um sogenannte Armstulpen oder Manschettenarmringe aus zinnarmer Bronze. Möglicherweise wurden die Bellinger Stücke einstmals von Frauen getragen. Dafür spräche die geringe Weite der Ringe. Man hat solche Manschettenarmringe bisher sowohl als Grabbeigaben in Männerbestattungen als auch in Frauenbestattungen gefunden. Meist handelt es sich aber um die Bestandteile eines Bronzehortes. Zwei der breiten, gerippten Bronzearmbänder aus Bellingen sind noch vollständig erhalten, eines wurde durch den Pflug zerrissen. Interessant ist, dass alle drei Armbänder eine unterschiedliche Rippenzahl aufweisen. So hat eines der Stücke 13, das zweite 14 und das dritte 15 Rippen. Aus bisherigen Grabfunden lässt sich ableiten, dass solche Ringe, jeweils einzeln, an jedem Unterarm getragen wurden. Das bedeutet, dass zumindest ein Ring fehlen würde, wenn wir hier die Überreste zweier Bestattungen vor uns hätten. Die unterschiedliche Anzahl der Rippen und das Fehlen eines vierten Ringes sprechen daher eher für einen Hortfund.

Aus Badingen, auch im Kreis Stendal gelegen, ist ein leider inzwischen verschollener Bronzehort bekannt geworden, der um 1870 gefunden wurde und 1871 nach Berlin gelangte. Zu den verschollenen Stücken gehörte auch ein Manschettenarmring. Dieser wies 33, allerdings feinere Rippen auf.

Dankenswerter Weise wurden die drei Bellinger Armringe dem Danneil-Museum vom Landesmuseum für Vorgeschichte als Leihgabe für die Sonderausstellung 2012 zur Verfügung gestellt.

# SCHWERTER UND DOLCHE

## (P II - P IV, um 1400-1000 v. Chr.)

Die Produktion von brauchbaren Schwertern war erst nach der „Erfindung" der Bronze möglich. Dolche bzw. dolchähnliche Waffen stellte man, wie oben erwähnt, bereits aus Feuerstein her. Am Ende der Jungsteinzeit, als Imitation von Bronzedolchen, wurden Feuersteindolche im Norden sogar zu einer Massenware. Schwerter dagegen konnte man erst produzieren, als das Metall Bronze in ausreichender Härte und Elastizität zur Verfügung stand. Schwerter sind neben Keulen die ersten reinen Kriegswaffen der Menschheitsgeschichte. Pfeil und Bogen, Lanzen und Speere, Beile und Äxte etc. sind auch zur Jagd bzw. zur Arbeit geeignet, Schwerter dagegen nicht. Im Endneolithikum gab es bereits erste etwas seltsam anmutende Versuche, Schwerter mithilfe von Feuersteinklingen, die man an einem Holzrahmen befestigte, nachzubilden. Solche Nachahmungen zeigen deutlich, dass das Schwert zu dieser Zeit zu einem Symbol geworden war. Natürlich hatten solche Stücke keinen Gebrauchswert. Bis in die Römische Kaiserzeit hinein, somit ca. 2000 Jahre lang, galten Schwerter in Mitteleuropa auch als Standeszeichen. Längst nicht jeder Mann und Krieger war gleichzeitig auch ein Schwertträger.

Abb. 94: Das gut erhaltene Griffangelschwert (V 272) von Benkendorf, P III

Bronzedolche fand man in der Altmark bisher schon recht zahlreich, Schwerter bzw. Schwertzubehör seltener. Eine Zwischenform stellen die sogenannten Kurzschwerter dar, bei denen nicht immer klar ist, zu welcher Kategorie sie eigentlich gerechnet werden sollten. Etwa 20 echte Bronzeschwerter bzw. deren Zubehör sind bis heute aus der Altmark bekannt. In der Sammlung des Danneil-Museums befinden sich drei Schwerter aus der älteren Bronzezeit, P III, (um 1250 bis 1050 v. Chr.) sowie zwei Scheidenmundstücke aus der jüngeren Periode P IV (1050-800 v. Chr.).

Ein nordisches Vollgriffschwert stammt aus Wittenmoor. Bei den beiden anderen Schwertern handelt es sich um ein Griffangelschwert aus Benkendorf sowie um ein Nierenknaufschwert aus Tangeln. Außer, dass das Schwert sauber durchgebrochen ist und die beiden Griffschalen fehlen, ist das Benkendorfer Schwert noch recht gut erhalten. Das Nierenknaufschwert wurde dagegen absichtlich verbogen und zerbrochen, diente wohl ähnlich wie das Wittenmoorer Schwert als Grabbeigabe.

Die vier Dolche der Ausstellung sowie zwei Kurzschwertklingen stammen mit Ausnahme des Vienauer Dolches und des Kaulitzer Kurzschwertes, die beide ebenfalls in Periode III zu setzen sind, aus der Periode II und somit aus der Zeit um 1400-1250 v. Chr. Besonders interessant ist neben den beiden elegant geschwungenen Güssefelder Klingen das Vienauer Stück, denn es wurde offensichtlich nach einer Beschädigung verkürzt und in dieser neuen Form, die sogar als Typ „Vienau" bezeichnet wird, weiter verwendet.

Abb. 95: Die „recycelte" Dolchklinge (V 2339) aus Vienau, P III

Abb. 96: Nierenknaufschwert, Tangeln (V 317), P III

Abb. 97, 98: Nierenknaufschwert, Griffdetails, Tangeln (V 317)

Abb. 99: Nierenknaufschwert, Knauf,
Draufsicht, Tangeln (V 317)

Der Griff und der Knauf des gegossenen Tangelner Schwertes waren aufwändig verziert. Das Schwert wurde absichtlich verbogen und zerbrochen. Es ist insgesamt knapp 64cm lang. Die Unterseite des Schwertknaufes ist mit einem Kreuz verziert.

Abb. 100: Griffangelschwert, Benkendorf (V 272), P III

Das Benkendorfer Griffangelschwert ist zwar zerbrochen, aber bis auf die fehlenden Griffschalen, die wohl aus organischem Material bestanden, sehr gut erhalten. Es ist insgesamt 77cm lang.

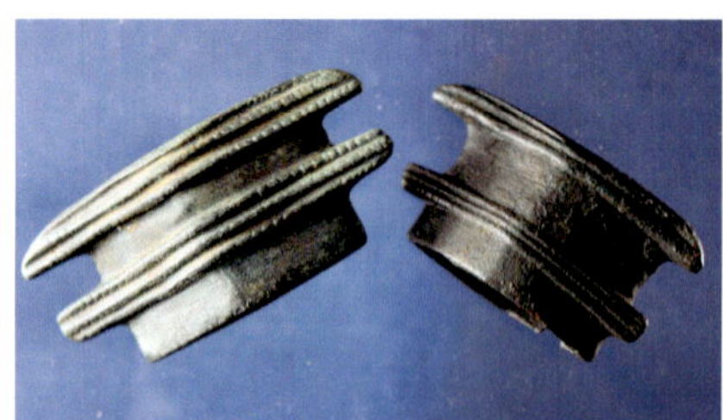

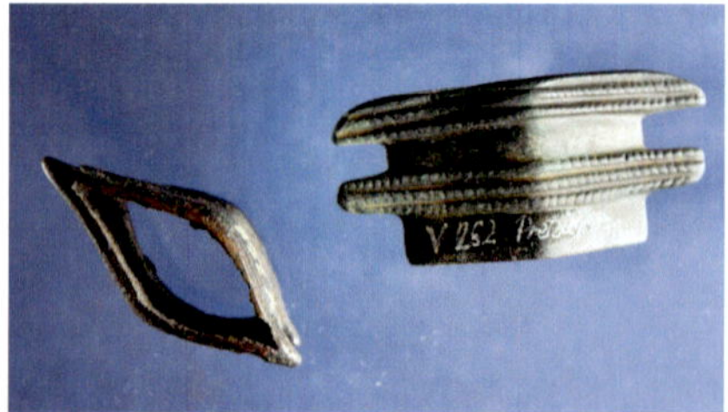


Abb. 101, 102: Scheidenmundstücke, Pretzier (V 252) u. Sallenthin (V 268), P IV

Bronzemundstücke wurden auf die hölzernen oder ledernen Schwertscheiden aufgesetzt, um die Scheide zu stabilisieren und um das Herausziehen des Schwertes zu erleichtern.

Abb. 103: Griffplattendolch, Güssefeld (V 311), P II

Die Dolchklinge ist sehr fein gearbeitet und verziert, besaß aber keine Angel. Der Griff und die Klinge waren ohne weitere Fixierung miteinander vernietet.

Abb. 104: Griffplattendolch, Güssefeld (V 7225), P II

Die zweite Güssefelder Klinge besitzt eine starke Mittelrippe, war aber ansonsten unverziert. Sie besaß ebenfalls keine Angel oder Griffzunge.

Abb. 105: Griffzungendolch oder Kurzschwert, Kaulitz (V 365), P III

Die etwas jüngere Kaulitzer Klinge ist im Gegensatz zu den Güssefelder Stücken sehr massiv und besaß eine Griffzunge, die hier allerdings fehlt. Sie wurde offensichtlich zerbrochen und danach dem Scheiterhaufenfeuer ausgesetzt.

# DER „BRONZEHORT“ VON WITTENMOOR

## (Landkreis Stendal, P III, um 1250-1050 v. Chr.)

Im Jahre 1865 berichtete *Theodor Friedrich Zechlin* im 15. Jahresbericht des Altmärkischen Geschichtsvereins, dass der *Rittmeister von Alvensleben-Erxleben* der Sammlung des Vereins mehrere Bronzeobjekte übergab, die man beim Planieren einer Anhöhe auf der wüsten Feldmark Mispelwerder entdeckt hatte. Die Wüstung des Dorfes mit der daneben liegenden Kirchenruine war damals in der Landschaft noch sehr gut definierbar. Nach *Wilhelm Zahn* (1908) gehörte die gesamte wüste Feldmark „Miszelwerder“ allerdings zur Gemarkung West-Insel. Demnach stammten die Funde nicht aus Wittenmoor, sondern eigentlich aus Insel. Auf aktuellen Luftbildern kann man noch heute die Straßenstrukturen des untergegangenen Dorfes sowie den ehemaligen Standort der Kirche erkennen. Auf einer 1900 aufgenommenen topographischen Karte findet man im Osten und Nordosten Wittenmoors, im Grenzbereich zu Insel, auffällig viele kleine runde oder ovale, von Bäumen umgebene Gruben. Möglicherweise befanden sich hier früher Hügelgräber, die um 1865 eingeebnet wurden und danach als Sandentnahmestellen dienten. Noch heute sind diese Strukturen gut sichtbar. *Zechlins* Bericht ist aber etwas widersprüchlich. Vielleicht ist mit dem Planieren einer Anhöhe das Einebnen eines größeren Grabhügels gemeint, denn er berichtet weiter: *„und außerdem in den dabei entdeckten heidnischen Grabdenkmälern Urnen mit Asche, Knochen und wohl erhaltenen Schädeln gefunden.“* Wahrscheinlich wurde demnach nicht nur *eine* „Anhöhe“ planiert und bei den „heidnischen Grabaltertümern“ handelte es sich um mehrere bronzezeitliche Hügelgräber. Dem Bericht nach könnten hier sowohl Körper- als auch Brandbestattungen entdeckt worden sein. Aber weder die erwähnten Urnen, der Leichenbrand oder die *„wohl erhaltenen Schädel“* sind heute noch vorhanden. Alle 1865 dem Geschichtsverein übergebenen Bronzeobjekte sind branddeformiert. Das deutet auf ihre Verwendung als Grabbeigaben für Brandbestattungen hin. Insgesamt wird von vier Lanzenspitzen, mehreren Nadeln, zwei Armringen sowie von den Bruchstücken eines etwa 20 Zoll langen Schwertes berichtet. Noch heute befinden sich Fragmente von vier Lanzenspitzen, möglicherweise dreier Rippenarmringe, einer Kegelkopfnadel sowie eines nordischen Vollgriffschwertes in der Museumssammlung. Früher sollen zudem noch Holzreste der Lanzenschäfte vorhanden gewesen sein, davon war bereits 1957 nichts mehr auffindbar.

Abb. 106: Nordisches Vollgriffschwert aus Wittenmoor (V 433)

Das interessanteste Stück des Fundplatzes ist zweifelsohne das Schwert. Es ist in mehrere Teile zerbrochen, angeschmolzen und unvollständig und lässt sich in die Periode III der Älteren Nordischen Bronzezeit einordnen. Bei den anderen Wittenmoorer Stücken ist eine genauere Zuordnung schwierig, allerdings könnten sie ebenfalls aus dieser Zeit stammen. Wahrscheinlich handelt es sich bei diesem Fundkomplex um Grabbeigaben unterschiedlicher Bestattungen, die beim Verbrennen zusammen mit den Toten auf den Scheiterhaufen lagen. Vor dem Verbrennen hat man die Stücke absichtlich zerbrochen. Damit hatte man sie für die Lebenden genauso unbrauchbar gemacht wie für den ebenfalls verbrannten und zerstörten Körper des Toten, für seine unsterbliche Seele besaßen sie allerdings weiterhin ihren Wert.

Abb. 107, 108: Nordisches Vollgriffschwert, Griffstück und Knauf, Wittenmoor (V 433)

Das Schwert wurde zerbrochen und zudem, wie alle anderen Wittenmoorer Stücke, dem Feuer ausgesetzt. Daher ist es auch nur unvollständig erhalten. Insgesamt war das auffällig verzierte Kurzschwert nur etwa 45cm lang.

Abb. 109, 110: Lanzenspitzen, Wittenmoor (V 434) und (V 435)

Abb. 111, 112: Speerspitzen, Wittenmoor (V 436) und (V 437)

Weitere Beigaben des Wittenmoorer Fundkomplexes waren zwei kleine, jeweils 12cm lange Lanzenspitzen. Dagegen wird es sich bei den noch kleineren Spitzen eher um Speersspitzen, bei V 437 vielleicht sogar um eine schwere Pfeilspitze, gehandelt haben.

Abb. 113: Kegelkopfnadel, Wittenmoor (V 441)

Abb. 114, 115: Rippenringe, Wittenmoor (V 438, V 439, V 440)

Die Überreste zweier massiver Rippenringe gehörten genauso zur Wittenmoorer Grabausstattung wie eine 13cm lange bronzene Kegelkopfnadel.

# EIN ECHTER SCHATZ DER BRONZEZEIT AUS JEEBEL

## (Altmarkkreis Salzwedel, P III/PIV, 1150 bis um 1050 v. Chr.)

Im Jahr 1970 entdeckten die Jugendlichen *Eckhard Schulz* und *Erhard Prehm* bei Jeebel im Altmarkkreis Salzwedel die Überreste eines Brandgrabes aus der Übergangszeit der Älteren zur Jüngeren Nordischen Bronzezeit.

Die Finder waren Mitglieder im Jugendklub des J.-F.-Danneil-Museums und wussten damit um die Bedeutung ihres Fundes. Diese Aussage eines der Finder steht allerdings den Darstellungen des damaligen Bezirksarchäologen *Dr. Johannes Schneider* und des Museumsmitarbeiters *Ernst Niemann* gegenüber, dass die Dinge beim Spielen entdeckt wurden und dass sie durch den damaligen Bürgermeister sichergestellt werden mussten. Der Finder berichtete dem Autor 2007, dass er zusammen mit seinem Freund unter einer Baumwurzel neben einem Waldweg eine große Steinkiste entdeckt habe, die aussah wie ein „kleines Hünengrab“. Die Wände der Kammer bestanden aus Feldsteinplatten. Eine große Deckplatte war schräg in die Kammer gerutscht und hatte ein Gefäß (die Urne), einen großen Topf mit Fingernageleindrücken, zerquetscht. Um diesen Topf herum standen mehrere kleinere Gefäße. In der Urne befand sich Leichenbrand sowie ein „grüner zusammengebackener Metallklumpen“. In den kleinen Beigefäßen soll sich Getreide befunden haben („Hirse oder ähnliches“).

Die Jugendlichen brachten ihren Fund mit dem Fahrrad nach Salzwedel ins Museum. Bereits etwa 14 Tage später berichtete *Johannes Schneider* während eines Diavortrages in Salzwedel über den Fund. Dabei zeigte er den erstaunten Entdeckern den bereits gereinigten und restaurierten Bronzeschmuck sowie einen Drahtring aus Gold, der ihnen vorher nicht aufgefallen war. Sie bezeichneten im Nachhinein den Ring wegen seiner Form als „Hühnerring“.

Der Jeebeler Fingerring besteht aus einem mehrfach gewickelten Golddraht. Teilweise wurde der Draht tordiert (in sich verdreht). Der Ring ist angeschmolzen, muss daher beim Verbrennen des Toten zumindest in der Nähe des Feuers gelegen haben. Das tat man mit Goldbeigaben in der Regel nicht.

Ein sehr ähnlicher Goldring wurde 2009 bei der Ausgrabung eines bronzezeitlichen Schlachtfeldes an der Tollense in Mecklenburg gefunden. Die vielen dort entdeckten Toten waren offenbar achtlos in den Fluss geworfen worden. Beim Plündern der Leichen hatte man den kostbaren Ring scheinbar übersehen. Die dortigen Funde werden in die Zeit um 1200 v. Chr. datiert.

Abb. 116, 117: Goldener Fingerring aus Jeebel (V 6037)

Ungewöhnlich ist der Wert des Jeebeler Fundgutes. Bisher sogar einmalig für die westliche Altmark ist, dass außer den wertvollen Bronzen den Toten auch Gold mitgegeben wurde. Bereits in der Bronzezeit war Gold sehr wertvoll und symbolisierte mit seinem Glanz den Schein der göttlichen Sonne. Nicht nur als Grabbeigabe, auch als Opfergabe war dieses Metall wohl immer nur die Ausnahme der Regel.

Alle Jeebeler Fundstücke sind branddeformiert und wurden, mit Ausnahme des Ringes, zudem zerbrochen. Dass der Tote ein Krieger war, dafür steht die Mitgabe einer Lanzenspitze. Weiterhin wurden ihm die Bruchstücke zweier massiver Bein- oder Armringe sowie zwei ungewöhnlich schön verzierte Plattenfibeln und wohl auch Nahrung fürs Jenseits mitgegeben. Warum die Stücke unbrauchbar gemacht wurden, lässt sich mit letzter Sicherheit nicht sagen. Zu vermuten ist aber tatsächlich, dass kein Lebender mehr in die Versuchung kommen sollte, den wertvollen Schmuck oder die Waffen des Verstorbenen zu tragen. Der Verbrannte konnte die Dinge im Jenseits dann trotzdem „standesgemäß nutzen".

Leider befinden sich heute die erwähnten Gefäße und das „Getreide" weder in der Sammlung des Danneil-Museums noch im Landesmuseum.

Abb. 118: Altnordische Plattenfibel, Jeebel (V 6039)

Die sehr sorgfältig gearbeitete Plattenfibel war ebenfalls dem Feuer des Scheiterhaufens ausgesetzt, bevor sie zusammen mit den anderen Beigaben und den Überresten des Verstorbenen bestattet wurde. Sie stammt möglicherweise aus dem Lüneburgischen.

Abb. 119: Spiralplattenfibel, Jeebel (V 6040)

Die schöne, wenn auch zerbrochene Spiralplattenfibel dokumentiert den großen mecklenburgischen Einfluss während der Periode des Übergangs von der Älteren zur Jüngeren Nordischen Bronzezeit.

Abb. 120: Lanzenspitze, Jeebel (V 6038)

Die Lanzenspitze mit der auffälligen Doppelrippe am Tüllenmund wurde bereits unbrauchbar gemacht, bevor sie auf den Scheiterhaufen gelangte, indem man sie verbog.

Abb. 121: Bein- oder Armring, Jeebel (V 6036)

Der massive Bein- oder Armring wurde verbogen und zerbrochen, zudem fehlt mindestens ein weiteres Bruchstück des Ringes.

# EINE BEINBERGE AUS DER UMGEBUNG PRETZIERS UND EINE GROSSE SPIRALPLATTENFIBEL AUS STAPPENBECK

## (Altmarkkreis Salzwedel P III/P IV, um 1050 v. Chr.)

Fast während der gesamten Bronzezeit stellte man neben den Werkzeugen auch besonders schön und aufwändig gearbeitete Schmuckstücke aus Bronze her. Die vermutliche Trageweise einiger Stücke gibt heute noch manche Rätsel auf. Bei einigen Schmuckstücken bietet insbesondere die Größe und (oder) deren schlechte Handhabbarkeit, häufig auch das große Gewicht, Anlass für Fragen. Besondere Aufmerksamkeit erregen daher auch einige Bronzeobjekte aus der Salzwedeler Sammlung. Neben durchaus „tragbaren" Stücken wie Lüneburger Radnadeln, Armspiralen oder kleinen Fibeln handelt es sich hier u. a. um gerippte Halskragen, massive Beinringe oder um sogenannte Haarknotenfibeln. Dazu kommen eine sehr aufwändig gearbeitete Beinberge und eine überdimensionale Spiralplattenfibel.

Beinbergen waren besondere und wohl auch recht seltene Schmuckstücke, die häufig auch fälschlicherweise als Armbergen bezeichnet werden. Stücke von der Größe und Form eines Exemplars aus der Gemarkung Pretzier wurden in der Altmark bisher selten in einem Fundzusammenhang entdeckt, sondern sie wurden meist eher zufällig gefunden. Mittlerweile hat man einige solcher Schmuckstücke, vor allem in Mecklenburg, auch in Körpergräbern entdeckt. Die jeweilige Fundsituation weist auf deren Funktion als Beinschmuck hin. Sie wurden demnach, die Spiralen nach außen weisend, an den Unterschenkeln getragen. Der Begriff „Berge" leitet sich wohl von einer der vielen Bedeutungen des veralteten Verbs „bergen" – „etwas umfassen, umgreifen bzw. umschließen" ab.

Abb. 122: Beinberge aus Pretzier (V 250)

In der Museumssammlung befindet sich eine vollständige Beinberge, die in der Umgebung Pretziers gefunden wurde. Die genauen Fundumstände, selbst der Fundzeitpunkt, sind unbekannt.

In früheren Jahren wurden noch sieben weitere Exemplare in der Altmark, fünf von ihnen sogar in einem Umkreis von nur 15 Kilometern, gefunden. So befindet sich eine Berge, die bei Brunau entdeckt wurde, im Altmärkischen Museum in Stendal. Zwei Stücke aus Sallenthin gelangten nach Berlin. Aus Kassuhn stammt ein weiteres Stück, das ebenfalls in die Berliner Sammlungen gelangte.

Aus der Nähe Gardelegens, aus Kloster Neuendorf, gelangten im Jahre 1905 zwei zusammengehörige Bergen in das Landesmuseum nach Halle. In diesem Falle vermutete man einen Opferfund. Im Jahre 1983 wurde dem Danneil-Museum die einzelne Spiralscheibe einer Beinberge aus Störpke im Altmarkkreis Salzwedel übergeben. Interessanterweise stammen somit sechs von den bisher acht bekannten Stücken der Altmark aus einem Umkreis von nur etwa 15 Kilometern. Man hat Beinbergen, wenn man sie zuordnen kann, bisher sowohl in Gräbern als auch in Horten gefunden. Eine korrekte Einordnung der altmärkischen Stücke zu einer dieser Kategorien ist nicht möglich, da die jeweiligen Fundangaben zu unkonkret sind.

Betrachtet man die Stücke aus Pretzier und Kassuhn näher, stellt man fest, dass beide identisch verziert aber gegenläufig gedreht sind. Zudem sind sie sogar gleich groß. Das könnte bedeuten, dass es sich hier um ein zusammengehöriges Paar gehandelt hatte. Die vermeintlichen Fundorte der Stücke liegen nur wenige Kilometer voneinander entfernt. Der Fundplatz des Kassuhner Stückes ist bekannt, der Fundzeitpunkt und Fundort der Pretzierer Berge dagegen nicht. Möglicherweise wurden die Angaben absichtlich sehr vage gehalten, weil die Stücke aufgeteilt werden sollten. Denn bei vielen Altfunden ist das Fehlen genauerer Angaben oft ein Hinweis darauf, dass nicht einmal die genannte Gemarkung stimmen muss. In diesem Falle bedeutet das wohl nur, dass der Fund aus der Umgebung Pretziers stammen dürfte.

Abb. 123: Beinberge, Kassuhn Inv. Nr. II 1495, Staatliche Museen zu Berlin, Foto: Museum f. Vor- und Frühgeschichte Berlin

Abb. 124: Beinberge, Sallenthin, Staaliche Museen zu Berlin, Darst. um 1900

Abb. 125: Beinberge, einzelne Spiralscheibe, Störpke (V 7551), P III/P IV

Man vermutet, dass es sich bei den kunstvollen Objekten um mecklenburgische Arbeiten handelt. Um 1200 v. Chr. war offensichtlich der Einfluss nordöstlicher Gruppen in der Altmark sehr groß. Darauf deuten auch die Funde der außergewöhnlich großen Spiralplattenfibel aus Stappenbeck und des Rippenhalskragens aus Lückstedt oder auch Groß Garz (im Jahr 2000) hin.

Abb. 126: Die Spiralplattenfibel aus Stappenbeck (V 254) ist mehr als 30cm lang.

Abb. 127: Spiralplattenfibel, Rückseite, Stappenbeck (V 254)

Die Stappenbecker Fibel wurde 1843 zusammen mit zwei Rippenarmringen und einem frühen Sparrenring beim Planieren eines kleinen Hügels entdeckt. Das ungewöhnlich große und reich verzierte Stück wird kein normaler Gebrauchsgegenstand gewesen sein. Wahrscheinlich handelt es sich um ein Schmuckstück, das von einer bedeutenden Person zu außergewöhnlichen Anlässen getragen wurde.

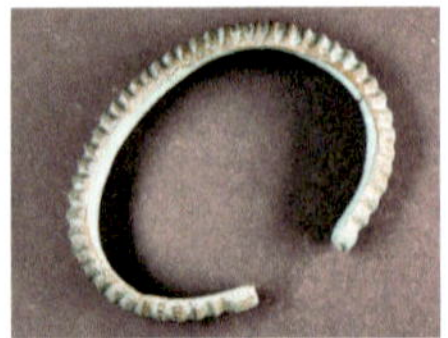

Abb. 128, 129: Zwei Rippenarmringe, Stappenbeck (V 255 a, V 255 b), P IV

Abb. 130: Sparrenarmring, Stappenbeck (V 256), P V

Die drei Ringe *sollen* zusammen mit der großen Fibel in einem eingeebneten Hügel entdeckt worden sein, sind aber eher jünger zu datieren. Insbesondere trifft das auf den Sparrenring zu, der eigentlich ein „Leitfossil" der *Periode V* ist. Entweder hatte der Schmuck eine enorm lange „Laufzeit" oder der alte Fundbericht gibt nicht den wahren Sachverhalt wieder.

Abb. 131: Erwachsene Frau mit Lüneburger Haarknotenfibel, Halskragen, Armspirale, Arm- und Beinringen geschmückt.

Abb. 132: Frau mit Haarnadeln, Rippenhalskragen, großer Spiralplattenfibel, Armspiralen und Beinbergen sehr festlich geschmückt.

# DER „BRONZEHORT“ VON MEHRIN

## (Altmarkkreis Salzwedel, P V/P VI, um 800 bis um 600 v. Chr.)

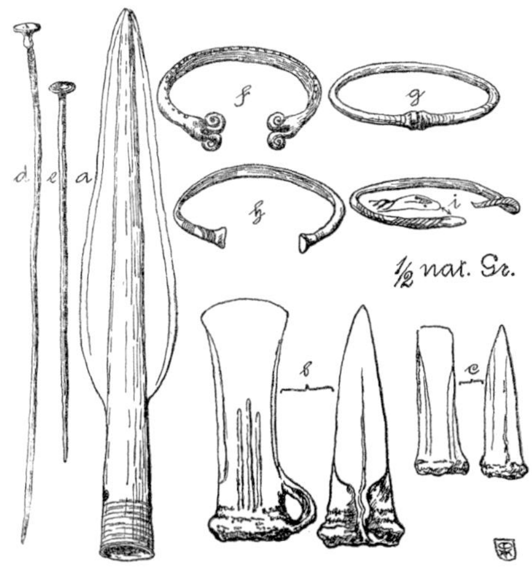


Abb. 133: Die Stücke des „Bronzehortes“, die Kupka 1916 abbildete.

In den „Stendaler Beiträgen“ Bd. 4, Heft 2 des Jahres 1916 berichtete der Stendaler Archäologe *Paul Ludwig Bernhard Kupka*: *„Durch Zufall wurde an einer sandigen Stelle westlich von Mehrin im Kreise Salzwedel eine Anzahl Bronzen gefunden.“* Bei dem beschriebenen „Zufall“ wird es sich um Sand- oder Kiesabbau gehandelt haben, denn bereits 1897/98 hatte man auf dem gleichen Fundplatz, ebenfalls beim Kiesabbau, mehrere bronzezeitliche Gefäße entdeckt. Die von Kupka vorgestellten und zusammenfassend als Bronzehort bezeichneten Funde aber auch die Gefäße befanden sich 1916 im Besitz des Mehriner Pastors *Heinrich Sültmann*. Die Keramiken erwähnte *Kupka* nicht. Offensichtlich stellte er 1916 allerdings auch nur einen Teil der entdeckten Bronzen vor. Im Jahre 1987 griff *Fritz Horst* vom Zentralinstitut für Alte Geschichte und Archäologie der Akademie der Wissenschaften der DDR (ZIAGA) *Kupkas* Hortfundthese wieder auf. Den bekannten Stücken wurden nun weitere Funde zugesellt, die demnach ebenfalls zu besagtem Hort gehört haben müssten. Darunter befand sich der Griff eines Rasiermessers, über das *Kupka* 1930 ausgeführt hatte, dass ihm das Stück bereits vor längerer Zeit vorgelegen habe. Er erwähnte bei dieser Gelegenheit aber nicht, dass es ebenfalls zum „Hortfund“

von 1916 gehört habe. Zwei Bronzeringe, die *Kupka* 1916 gezeichnet hatte, waren 1987 nicht mehr auffindbar, wurden durch *Fritz Horst* aber in den Mehriner Hort aufgenommen. Die Ringe hatten bereits gefehlt, als 1954 das Danneil-Museum der Witwe Pastor *Sültmanns* die Mehriner Funde abkaufte. Das Museum kaufte neben den oben erwähnten Gefäßen noch weitere Bronzen an, deren genaue Fundorte allerdings nicht nachvollziehbar sind. Darunter befanden sich u. a. 20 kleine Bronzedrahtröllchen und der erwähnte Griff eines Rasiermessers. *Horst* schlug 1987 diese Funde trotz unklarer Herkunft „Kupkas Bronzehort" zu. Weitere „fundplatzlose" Bronzen aus Mehrin, die am gleichen Tag für die Sammlung angekauft wurden und ebenfalls in den Zeitrahmen passen, erwähnte er dagegen mit keiner Silbe. Zumindest er (wohl aber auch *Kupka*) musste wissen, dass von dem seit 1897/98 bekannten Fundplatz auch bronzezeitliche Gefäße, darunter mindestens eine Urne mit Leichenbrand, stammten. Diese Stücke wurden gleichzeitig in die Museumssammlung übernommen. Diese Tatsache, die Zusammenstellung sowie der geringe Materialwert der meisten Fundstücke sind Hinweise darauf, dass es sich hier wahrscheinlich um keinen „Hortfund", sondern um Grabbeigaben handelte. Allerdings weisen die Bronzen keinerlei Branddeformierungen und absichtliche Zerstörungen auf, was gegen diese These sprechen könnte. Erhaltene Körpergräber dieser Zeit sind aber aus der Altmark bisher unbekannt.

Welche Gründe *Kupka* hatte, aus den Mehriner Bronzefunden *einen* Depotfund zu machen und was *Horst* später veranlasste, diesem noch weitere Stücke (warum nicht alle?) hinzuzufügen, ohne dass auf die bekannten Grabgefäße des Fundplatzes eingegangen wurde, kann leider nicht mehr geklärt werden. Die Umstände der Fundaufnahme zeigen allerdings exemplarisch, wie schnell man zu offensichtlich falschen Schlüssen gelangen kann, wenn die genauen Fundumstände unbekannt sind oder unberücksichtigt bleiben.

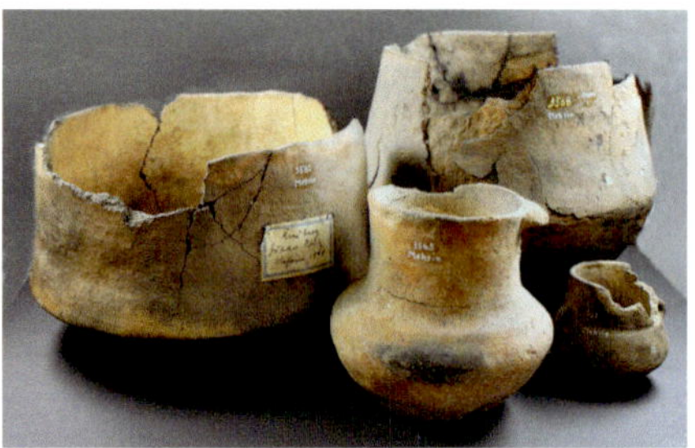

Abb. 134: Doppelkonus (V 3582), Kanne (V 3565), Doppelkonus (V 3568), kleine Amphore (V 3563), alles Mehrin

Die vier Gefäße stammen vom selben Fundplatz wie die Bronzen, die 1916 dem Mehriner „Bronzehort“ zugeordnet wurden. Sie fanden allerdings in diesem Zusammenhang keine Erwähnung. Sie besitzen typische Gefäßformen der frühen bis mittleren Phase der Jüngeren Bronzezeit. Vermutlich handelt es sich um Urnen und Beigefäße eines Brandgräberfeldes.

Abb. 135: Lanzenspitze, Mehrin (V 3545)

Die mehrfach umlaufende Rippenverzierung am Tüllenmund der blattförmigen Lanzenspitze ist typisch für die Jüngere Nordische Bronzezeit. Ältere Lanzenspitzen sind am Tüllenmund entweder völlig unverziert oder weisen weniger Rippen auf.

Abb. 136, 137: Tüllenmeißel (oben), Mehrin (V 3547)
und Tüllenbeil, Mehrin (V 3546)

Der kurze Tüllenmeißel soll angeblich beim Auffinden, wie rechts in dem nachgestellten Foto, in dem Tüllenbeil vom Typ „Darsekau“ gesteckt haben.

Abb. 138, 139: Vasenkopfnadel, Mehrin (V 3548) und Scheibenkopfnadel, Mehrin (V 3549)

Sehr große aber auch kleinere Nadeln aus Bronze kamen zum Ende der Bronzezeit sehr in Mode. Verwendet wurden sie dann aber über einen längeren Zeitraum. Auch noch während der Vorrömischen Eisenzeit blieben sie teilweise fast unverändert, so dass häufig eine Datierung nur aus dem Fundzusammenhang heraus möglich ist. Möglicherweise handelte es sich dabei um Haarnadeln aber die Nutzung als Gewandnadeln ist vorstellbar.

Abb. 140, 141: Nierenarmring, Mehrin (V 355) u. ein offener Armreif mit Tierkopfende, Mehrin (V 3553)

Sowohl Armringe als auch offene Reife waren zu allen Zeiten Bestandteile, der Männer-, Frauen- aber auch Kindertracht. Am Ende der Bronzezeit wurden die Ringe zierlicher und damit leichter. Man verwendete weniger Material zur Herstellung als in der Älteren Bronzezeit. Nierenarmringe sind de facto „Leitfossilien“ der *Periode V*, teilweise werden sie aber auch bereits ans Ende der *Periode IV* der Jüngeren Nordischen Bronzezeit gesetzt.

Abb. 142, 143: Spiralröllchen, Mehrin (V 3552) und zwei Lockenringe, Mehrin (V 3577 b, V 3577 c)

Die kleinen Spiralröllchen aus Bronze wurden, kombiniert mit Glasperlen, als Halsketten getragen; rechts zwei sogenannte Lockenringe aus Bronzeblech. Wahrscheinlich wurden durch die Ringe einzelne Haarsträhnen geführt, vielleicht sogar Barthaare. Es handelte sich somit um Kopfschmuck.

Abb. 144: Rasiermesser, Griffstück, Mehrin (V 3554)

Offene Rasiermessergriffe dieser Form waren in der Jüngeren Bronzezeit nicht unüblich. Das Rasiermesser wurde von *Fritz Horst* dem Mehriner Hort zugefügt, obwohl es 1916 in dem Zusammenhang nicht erwähnt wurde.

Abb. 145: Punze, Mehrin (V 3577 a)

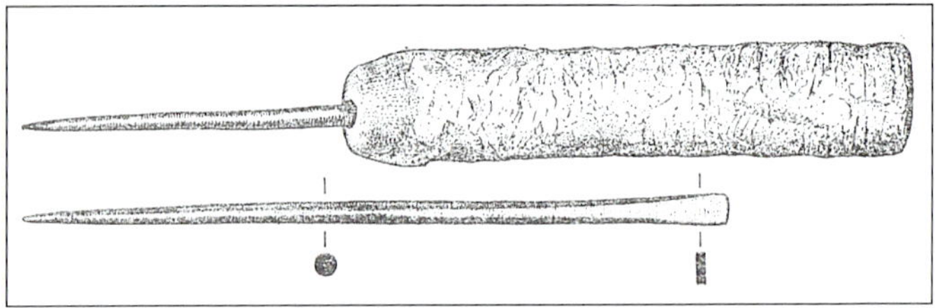

Abb. 146: Punze mit Griff, Krampitz bei Potsdam

Die vorgestellte Punze war das Werkzeug eines Graveurs. Sie besaß wahrscheinlich einen Holzgriff. Bei einer Punze aus Krampitz aus der Nähe Potsdams, blieb sogar der Griff erhalten (hier als Vergleich).

# EIN „VERLORENER“ BRONZEHORT AUS BEETZENDORF

## (Altmarkkreis Salzwedel, P V/P VI, um 800-500 v. Chr.)

Im Jahre 1902 kaufte die prähistorische Abteilung des Berliner Völkerkundemuseums dem *Rittergutsbesitzer von der Schulenburg auf Beetzendorf* mehrere außergewöhnliche Bronzen ab, die dieser fünf Jahre zuvor dem damaligen Berliner Antiquarium (abgeleitet von „antik“) zur Begutachtung vorgelegt hatte. Obwohl *Schulenburg* über die Ankaufswünsche anfänglich nicht begeistert war, ließ er sich nach einigen Jahren doch zum Verkauf der Stücke überreden. Offensichtlich hatte er den Fund nicht selbst entdeckt und der Finder hatte von ihm erwartet, dass er die Stücke in seiner Sammlung in Beetzendorf behalten würde. Leider ist die gesamte Korrespondenz über die Verkaufsverhandlungen verloren gegangen. Damit fehlen auch sämtliche Angaben über die Fundumstände. Das ist deshalb besonders bedauernswert, weil die Zusammensetzung des Fundkomplexes für die westliche Altmark ziemlich einmalig ist. Noch ärgerlicher ist allerdings, dass die Stücke am Ende des 2. Weltkrieges auch für die Berliner Sammlungen verloren gingen. Nach neuesten Informationen befinden sie sich heute in der St. Petersburger Eremitage. Dort werden sie unter russischen Inventarnummern geführt. Als etwaige Fundorte werden zum einen das „Rittergut Beetzendorf“, zum anderen der Ort „Beetzendorf“ angegeben.

Abb. 147: Teil des Hortfundes aus Beetzendorf, zwei Nordische Griffangelschwerter

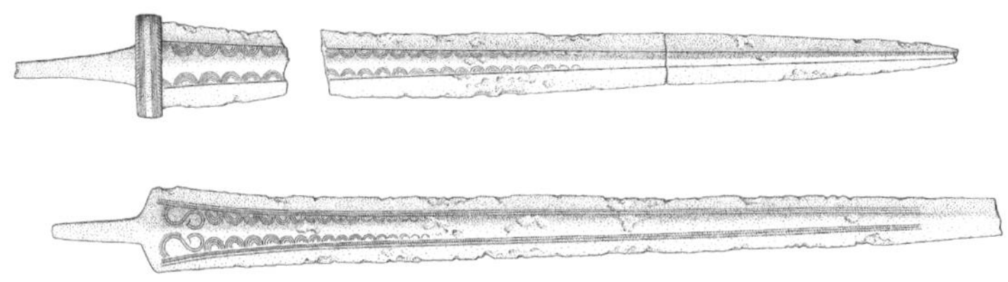

Abb. 148: Zeichnung der beiden reich verzierten Nordischen Griffangelschwerter. Die Berliner Inventarnummern lauten Ig 4950d und Ig 4950c. Die aktuellen Petersburger Inventarnummern dafür lauten B 1834 und B 1833.

Trotz dieser widersprüchlichen Fundplatzangaben wird in Berlin vermutet, dass es sich bei den Beetzendorfer Stücken um einen zusammengehörigen Opferfund handelte. Recht häufig findet man solche Horte in Mooren oder in Gewässernähe. Die nördliche Umgebung Beetzendorfs ist noch heute sehr sumpfig. Hier wurde im Jahre 1999 ein spätbronzezeitlicher Kultplatz mit in Reihen ausgerichteten Gruben und Steinsetzungen entdeckt. Ähnliche Plätze kennt man aus der Biese-Niederung von Zedau bei Osterburg oder aus dem Ziegelrodaer Forst an der Unstrut.

Der Beetzendorfer Bronzehort stammt aus der Periode V/VI der Jüngeren Nordischen Bronzezeit. Somit ist er vor gut 3000 Jahren niedergelegt worden.

Der Fundkomplex setzte sich aus zwei reich verzierten nordischen Griffangelschwertern, zwei Messern, einem Halsring, einem Tüllenbeil, zwei Armspiralen sowie einer Plattenfibel und einem gegossenen Hängebecken aus Bronze zusammen. Von den Schwertern, dem Hängebecken, der Fibel, dem Tüllenbeil, dem Halsreif und einem der Messer befinden sich Abzüge alter Fotoplatten im Bestand des Danneil-Museums. Diese waren im Jahr 2001 Anlass für eine Nachfrage bei den Staatlichen Museen zu Berlin, der die ernüchternde, mittlerweile bestätigte Antwort über den z. Z. noch andauernden Verlust eines der wertvollsten Hortfunde der Jüngeren Bronzezeit der Altmark folgte.

Alle noch vorhandenen Stücke befinden sich heute in der Eremitage in St. Petersburg. Bei den Fotos handelt es sich um Abzüge alter Fotoplatten, die im Archiv des Danneil-Museums aufgefunden wurden. Die Stücke stammen aus der *Periode V* der Jüngeren Nordischen Bronzezeit, somit aus dem 9. bis 8. Jahrhundert vor Christus. In St. Petersburg geht man von zwei unterschiedlichen Fundplätzen in Beetzendorf aus, daher auch die Verwendung unterschiedlicher Inventarnummern. In Berlin war man dagegen der Meinung, dass es sich um einen zusammengehörigen Hortfund handelte. In diesem Falle müsste es sich wohl um Opfergaben handeln. Die folgenden Abbildungen zeigen Stücke des Beetzendorfer Fundkomplexes.

Abb. 149: Antennengriffmesser, Foto

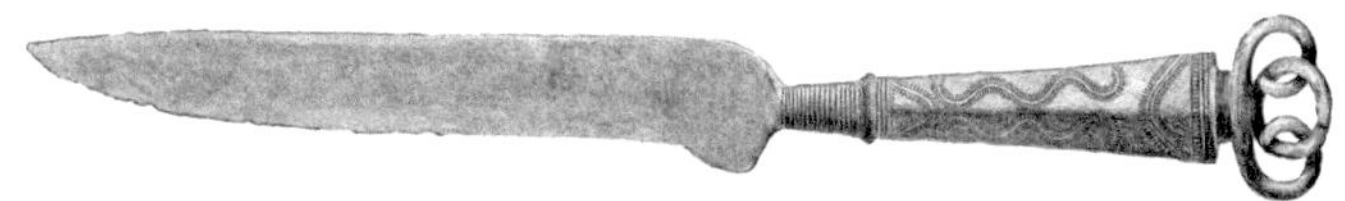

Abb. 150: Antennengriffmesser, Zeichnung

Ein historisches Foto zeigt ein Antennengriffmesser aus dem Beetzendorfer Hortfund. Die zeichnerische Reproduktion aus dem Jahr 1956 entspricht nicht ganz dem Original. Zu dieser Zeit galt der Beetzendorfer Hortfund als verschollen und das Original lag demnach nicht vor (Ig 4950b; B 2835). Von einem weiteren Beetzendorfer Messer wird zwar berichtet, dass es sich dabei um ein Tüllenmesser handelt, es liegt allerdings in diesem Falle nur eine Zeichnung aus dem Jahr 1956 vor, auf der ein Griffangelmesser zu sehen ist.

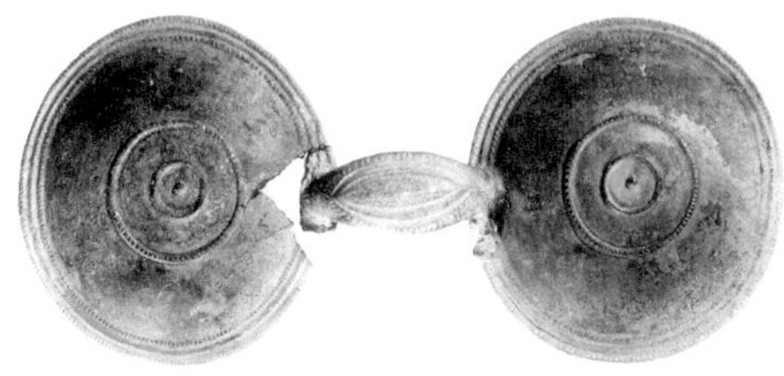

Abb. 151: Späte Nordische Plattenfibel

Zum Beetzendorfer Fundkomplex gehörte auch eine entwickelte Form der Nordischen Plattenfibeln (Ig 4950f bzw. Eremitage 2033) sowie ein offener Halsring.

Abb. 152: Offener Halsring, mit tordiertem Stab und blattartigen, verzierten Enden mit Hakenverschluss. (Ig 4950k; E 2018)

Abb. 153: Tüllenbeil, späte Form

Neben den vielen außergewöhnlichen Stücken zählen auch ein einfaches Tüllenbeil vom Typ Darsekau (Ig 4950g, E 2017) sowie eine sogenannte Armspirale zu den Beetzendorfer Objekten, die sich noch immer in St. Petersburg befinden.

Abb. 154: Nordisches Hängebecken, Beetzendorf

Das prächtigste Objekt des Fundkomplexes war zweifelsohne aber ein bronzenes Hängebecken. Hier ist die Unterseite des sogenannten Nordischen Hängebeckens aus Beetzendorf abgebildet. (Abb. 154, Ig 4950e; Eremitage 2033). Solche Stücke sind nicht nur in der Altmark relativ selten. Im Bestand des Danneil-Museums befindet sich z. B. kein einziges Exemplar. Zur Veranschaulichung zeigen die Abbildungen 155 und 156 ein ähnliches Hängebecken aus

Rheda-Wiedenbrück bei Bielefeld. Die Fotos stammen aus dem Archiv des Danneil-Museums.

Abb. 155, 156: Nordisches Hängebecken, Rheda-Wiedenbrück

Abb. 157: Krieger mit Schwert, Dolch und Tüllenbeil bewaffnet
sowie mit Oberarmring und zwei sogenannten Urfibeln geschmückt

Abb. 158: Junges Mädchen mit Lockenringen in den Haaren
sowie Halsreif, zwei Lüneburger Radnadeln, Arm- und Beinringen geschmückt

# EINE AUSSERGEWÖHNLICHE BRANDBESTATTUNG AUS SEETHEN

## (Altmarkkreis Salzwedel P V/P VI, um 800-500 v. Chr.)

Ende der 1980er Jahre wurde auf dem Hörsterberg bei Seethen im ehemaligen Kreis Gardelegen durch den Lindstedter Bodendenkmalpfleger *Ulf Frommhagen* ein bedeutender spätbronzezeitlicher/früheisenzeitlicher Friedhof entdeckt. Durch Sandabbau und eine geplante Flächenbebauung war 1988/89 der Fundplatz äußerst gefährdet. Daher führte die Bodendenkmalpflege des Kreises Gardelegen zusammen mit dem Landesmuseum und dem Danneil-Museum dort 1989 mehrere Notgrabungen durch. Insgesamt wurden dabei im Kantenbereich der Sandgrube 74 Brandgräber der jüngeren bis späten Bronzezeit sowie der frühen Eisenzeit ausgegraben. Ohne Abbruch ging die Belegung des Friedhofes offensichtlich von der Bronze- in die Eisenzeit über. Ein Beweis dafür, dass das Ende der Bronzezeit in unserer Gegend nicht durch einen Bevölkerungswandel verursacht wurde, sondern dass die einheimische Bevölkerung auch „Mitbegründer“ der neuen Epoche war.

Eines der zweifellos interessantesten Gräber des Friedhofes fand sich im Zentrum eines Steinkreises, der 14 weitere Bestattungen umschloss. Das besagte Grab hob sich insofern von den umgebenden ab, da es aus verschieden Gefäßtypen bestand, die zusammen eine Bestattung beinhalteten. Die Urne war ein für die jüngere Bronzezeit typisches doppelkonisches Gefäß. Östlich daran angelehnt standen zwei kleinere umgestülpte Henkelkannen. Nördlich der Urne, schräg angestellt, lag eine flächig verzierte, gut erhaltene Lappenschale mit der Standfläche nach oben. Dabei handelte es sich wahrscheinlich um die verrutschte Abdeckung des Brandgrabes.

Lappenschalen sind besondere Keramikformen, die bisher meist nur fragmentarisch und vor allem in Siedlungen oder an kultischen Plätzen, so auch in Zedau bei Osterburg oder in Beetzendorf, gefunden wurden. Wahrscheinlich waren es ursprünglich Servierschalen, auf denen vielleicht auch Opfergaben dargebracht wurden. Die wenigen aus Knochen angefertigten Beigaben, darunter eine Knochennadel mit Öhr, lassen vermuten, dass man in diesem Grab eine Frau bestattet hatte.

Eine weitere recht gut erhaltene Lappenschale wurde 1914 in Wistedt, südwestlich von Salzwedel gelegen, bei der Sandabfuhr entdeckt und der damaligen Vereinssammlung übergeben.

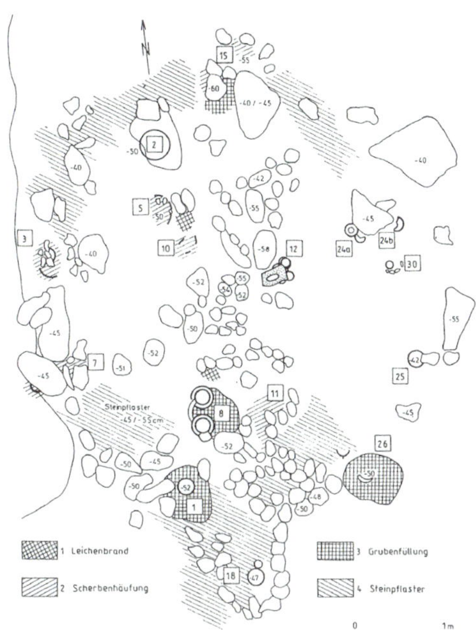


Abb. 159: Grabungsplan von Seethen, im Zentrum des Steinkreises das Grab mit der Lappenschale (12)

Abb. 160: Grabungsprofil mit Grab 1. Die Urne, es handelt sich um eine Zylinderhalsterrine, war ursprünglich mit einer Schale zugedeckt, von der der Boden fehlte.

Abb. 161: Das Brandgrab mit der verrutschten Lappenschale als Deckgefäß während der Ausgrabung.

Abb. 162: Lappenschale, Seethen (V 9005)

Die Lappenschale von Seethen wurde nach der Ausgrabung zwar geklebt aber nicht ergänzt.

Abb. 163: Lappenschale, Innenansicht, Seethen (V 9005)

Die Innenansicht der Schale macht deutlich, warum diese Stücke auch als Zipfelschalen bezeichnet werden.

Abb. 164: Lappenschale, Wistedt (V 2120)

Die Wistedter Schale wurde 1914 ohne erkennbaren Fundzusammenhang beim Kiesabfahren entdeckt. Sie ist 33,5cm lang und damit etwas größer als die Seethener Schale. Diese Schale wurde im Landesmuseum ergänzt.

Abb. 165, 166: Die Seitenansichten der Lappenschalen von Wistedt und Seethen

Abb. 167: Doppelkonus, Seethen (V 9006), Tasse, Seethen (V 9007) und Kanne, Seethen (V 9008)

Bei den übrigen Gefäßen des Grabes handelt es sich um einen für die Spätbronzezeit typischen sogenannten Doppelkonus, der als Urne diente. Weiterhin um eine Tasse, bei welcher der Henkel abgebrochen ist und um eine Kanne mit umlaufenden Kanneluren. Kannen dieser Art sind typisch für die späte Phase der Lausitzer Kultur Mitteldeutschlands.

Abb. 168: Knochennadel, Seethen (V 9009), Knochenplatte, Seethen (V 9010) und Kopf einer Knochennadel oder Knochenperle, Seethen (V 9011)

Oben liegt eine durchs Feuer verzogene Knochennadel, in der Mitte eine verzierte kleine Knochenplatte, die zumindest einmal durchbohrt war, darunter der Kopf einer gedrechselten Knochennadel oder eine Knochenperle. Alle drei Stücke sind durch Hitzeeinwirkung verzogen bzw. zerstört, d. h. dass sie beim Verbrennen zusammen mit der Leiche auf dem Scheiterhaufen gelegen haben. Nach der Ausgrabung wurden sie mit dem Leichenbrand vermischt in der Urne, dem Doppelkonus, gefunden.

# DIE ENTWICKLUNG DER BRONZEBEILE

## (P I – P VI, 1600-500 v. Chr.)

Abb. 169: Frühes Randleistenbeil, Kläden (V 398), P I

Abb. 170: Randleistenbeil, Dambeck (V 2374), P I /P II

Während das sehr frühe Klädener Beil noch an ein jungsteinzeitliches Feuersteinflachbeil erinnert und Randleisten nur andeutungsweise vorhanden sind, so sind die Randleisten des Dambecker Beiles schon ausgeprägt.

Abb. 171: Randleistenbeil mit Knickrand, Fundort unbekannt (V 5112), P II

Das Knickrandbeil aus der ehemaligen Gardelegener Kreissammlung stellt eine norddeutsche Sonderform dar, die bereits ausgeprägte Randleisten besitzt.

Abb. 172, 173: Randleistenbeil, Thüritz (V 299), P II

Das Thüritzer Exemplar ist ein klassisches Beil seiner Art mit stark ausgeprägten Randleisten.

Abb. 174, 175: Frühes Absatzbeil, Groß Chüden (V 253), P II

Bei den frühen Absatzbeilen handelte es sich um weiterentwickelte Randleistenbeile. Hinter der Schneide wurde zusätzlich ein Absatz eingefügt, der aber in der Draufsicht noch nicht zu erkennen ist.

Abb. 176: Absatzbeil, Algenstedt (V 5100), P II/P III

Das Algensteder Beil weist bereits einen wesentlich ausgeprägteren Absatz auf, die Randleisten sind jedoch noch vorhanden. Die Form wird insgesamt schlanker.

Abb. 177, 178: Absatzbeil, Jeebel (V 249), P III

Beim Jeebeler Absatzbeil sind die Randleisten fast vollständig verschwunden und der Absatz tritt deutlich hervor.

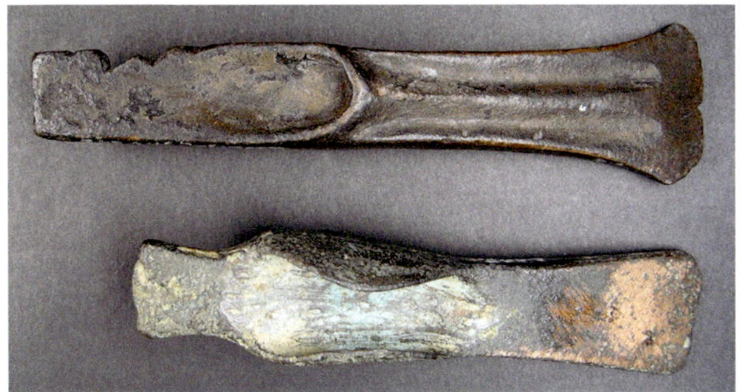

Abb. 179: Absatzbeil, Zethlingen (V 312),
P III; Lappenbeil, Zethlingen (V 8941), P IV

Vom Zethlinger Mühlenberg stammen diese beiden Stücke. Es handelt sich um ein hoch entwickeltes Absatzbeil und um die typologisch darauf folgende Beilform, dem Lappenbeil.

Abb. 180, 181: Lappenbeil, Tylsen (V 3803), P IV

Das Tylsener Lappenbeil stellt bereits eine Weiterentwicklung der Zethlinger Form dar. Die „Schaftlappen" sind sehr hoch gezogen und umgeschlagen. Ohne Nackenteil könnte man sich bei der Seitenansicht bereits eine Tülle vorstellen.

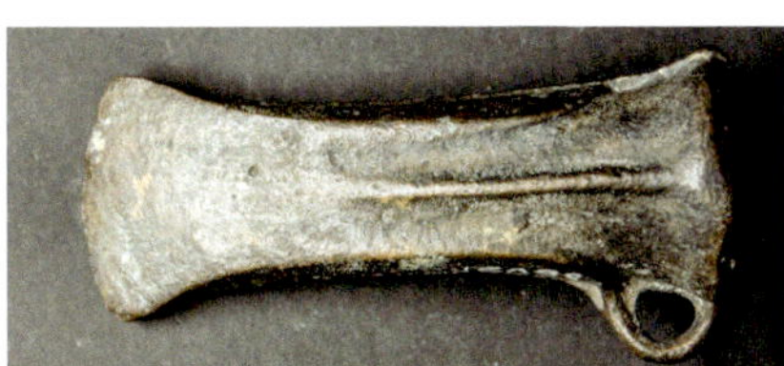

Abb. 182, 183: Tüllenbeil, Typ „Lenzersilge", Kakerbeck (V 5098), P IV/ P V

Die letzte Stufe in der Entwicklungsreihe bronzezeitlicher Beile stellen die geöhrten Tüllenbeile dar. Die Materialersparnis bei knapper werdender Bronze war sicherlich ein Hauptgrund zur Entwicklung dieses Beiltyps. Das Schaftholz wurde in die Tülle geschoben, mit Birkenteer eingeklebt und zusätzlich mit dem Öhr verbunden. In der Altmark waren fast ausschließlich die nach zwei Fundorten benannten Beile vom Typ „Lenzersilge“ und vom Typ „Darsekau“ verbreitet. Der erste Typ mit den seitlichen Blenden ist etwas älter als das schlichtere Beil ohne Blenden, wie das Beil aus Lüdelsen.

Abb. 184: Tüllenbeil, Typ „Darsekau“ Lüdelsen (V 8866 b), P V

## WEITERE BRONZEZEITLICHE FUNDSTÜCKE DER SAMMLUNG AUS VERSCHIEDENEN PERIODEN

Weit vor den Bronzen bildet die Keramik den größten bronzezeitlichen Fundus in den Magazinen der Museen. Natürlich handelt es sich dabei meist um Grabgefäße bzw. Urnen, deren Formen sich in der Bronzezeit über sehr lange Zeiträume nur wenig veränderten. Das typisch bronzezeitliche Großgefäß ist der sogenannte Doppelkonus. Zum Ende der Epoche kommen dreigliedrige Steilhalsterrinen, die aus der zweigliedrigen doppelkonischen Form hervorgegangen waren, in Mode. Manchmal findet man in den Urnen oder in zugehörigen Beigefäßen weitere Keramikgefäße oder Gegenstände.

Als bezeichnend für die erstaunliche Handwerkskunst der bronzezeitlichen Töpfer sollen im Folgenden zwei funktionelle, ergonomisch sehr gut durchdachte Gegenstände beschrieben werden. Dabei handelt es sich um eine hervorragend erhaltene Schminkpalette sowie um eine „mit Köpfchen" angefertigte Fettlampe. Beide Stücke stammen zwar aus der Altmark, leider sind die genauen Fundorte aber nicht bekannt.

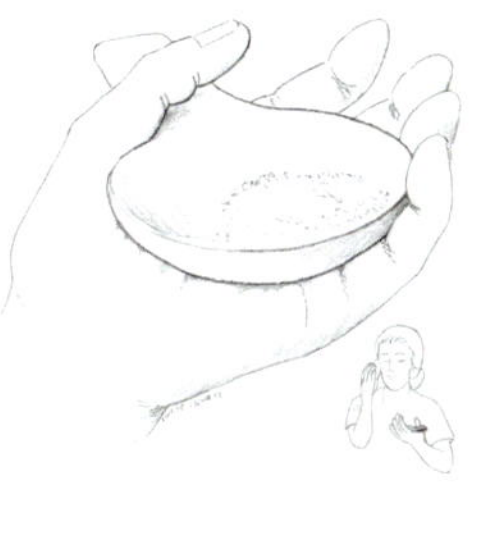

Abb. 185, 186: Schminkpalette (V 1551) und deren Handhabung

Die Palette ist so geformt, dass man sie in der linken Hand halten muss, um sie ihrem Zweck entsprechend nutzen zu können. Dabei klemmt man das kurze, im Querschnitt leicht ovale Griffstück zwischen Daumen und Handfläche. Im flachen, löffelartigen Vorderteil der Palette befand sich die Schminke, die man mit den Fingern der rechten Hand oder einem Pinsel entnehmen und auftragen konnte. In der schalenartigen Laffe befinden sich dem Anschein nach sogar noch rote Farbpigmente. Möglicherweise handelt es sich dabei um Rötel, eine mineralische Eisenoxydfarbe, die zum Schminken genutzt wurde.

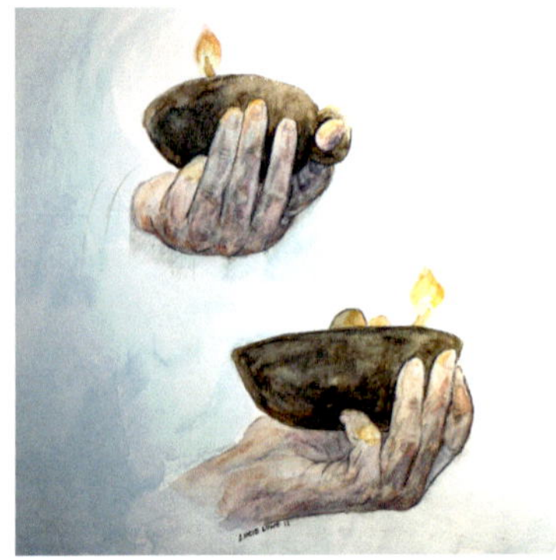

Abb. 187, 188: Fettlampe (V 1555) und deren Handhabung

Wie die Palette lässt die Fettlampe eigentlich auch nur eine Handhabung mit der linken Hand zu. Sie wurde somit ebenfalls für Rechtshänder angefertigt. Der Henkel ist schräg angesetzt und so geformt, dass man ihn mit dem Daumen der linken Hand stabilisiert. Dann liegt die Lampenschale auf der Handfläche und man kann mit dem kleinen Finger eine Einwölbung im Boden fixieren. Durch diese kreisrunde Delle hat die Lampe, stellt man sie ab, zudem einen absolut festen Stand. Beim Tragen hat man die rechte Hand frei und ist durch die erzwungene Haltung der linken Hand dazu genötigt, die Schale gerade zu halten. In solchen Lampen konnte man gehärtete Fette mit Hilfe eines Dochtes (ähnlich einer Kerze) entzünden und besaß damit bereits vor über 3000 Jahren ein tragbares, relativ sauber verbrennendes Leuchtmittel. Ebenso wie bei einer Kerze kann man die Lampe ohne Probleme anfassen, da die Wärme nach oben abstrahlt.

Interessant ist auch ein gut erhaltenes Tonsieb. Es wurde möglicherweise zur Frischkäsegewinnung verwendet und lag als Grabbeigabe in einer Urne aus Dahrendorf. Die Keramiknachbildung eines Trinkhornes aus Lückstedt diente vermutlich als symbolischer Ersatz eines „echten" Horns, das man dem Toten nicht ins Grab mitgeben wollte. Das Lückstedter „Trinkhorn" stammt von einem bronzezeitlichen Brandgräberfeld, das im 19. Jh. gründlich vernichtet wurde. Es wird berichtet, dass die Bauern die in den Gräbern gefundenen Bronzen zum größten Teil einschmolzen und verkauften.

Nur ein Bruchteil der bronzezeitlichen Funde des Danneil-Museums konnte bisher vorgestellt werden, daher folgt im Anschluss noch ein kleiner Versuch, auf deren enorme Vielfalt hinzuweisen.

Abb. 189, 190: Reich verziertes Griffzungenmesser (P IV/P V) aus Hohenböddenstedt (V 320) und ein Nordisches Absatzbeil (P III) aus Darsekau (V 356)

Neben vielen Beilen, deren Entwicklung sich sehr gut nachvollziehen lässt, wurden auch Lanzenspitzen, Pinzetten, Arm- und Beinringe, Messer, Rasiermesser, sogar Skalpelle oder Knöpfe aus Bronze hergestellt. Trotzdem verwendete man während der gesamten Bronzezeit auch noch immer Äxte bzw. Keile oder Hämmer aus Felsgestein. Die bronzezeitlichen Stücke sind in der Regel auffällig gut gearbeitet und können mittlerweile auch recht gut datiert werden. Zum Ende der Bronzezeit ist sogar eine tendenzielle Zunahme der Felsgesteingeräte zu konstatieren. Aus Feuerstein angefertigte Pfeilspitzen und andere Kleingeräte sind für diesen Zeitraum ebenfalls noch nachweisbar. Vor einigen Jahren datierte man in der Regel sämtliche Steingeräte dieser Art noch kurzerhand in die Jungsteinzeit.

In der Sammlung des Danneil-Museums befindet sich auch mindestens ein bronzezeitliches Geweihgerät. Es handelt sich dabei um einen Keil mit rechteckigem Schaftloch, bei welchem die Geweihrose entfernt ist. Das Gerät wurde im ehemaligen Jeetzekolk in Salzwedel gefunden. Früher setzte man Geweihgeräte ohne Umschweife in die Mittelsteinzeit. Man nahm an, dass sie mindestens 7500 Jahre alt wären. Hier haben uns moderne Datierungsmethoden mittlerweile eines Besseren belehrt. Im Gegensatz zum anorganischen Gestein kann man die organischen Geweihgeräte heute mit Hilfe naturwissenschaftlicher Methoden datieren. Aus Niedersachsen ist ein ähnliches Stück bekannt, das mittels $^{14}$C-Methode in die Ältere Bronzezeit gestellt werden konnte. Generell geht man heute davon aus, dass Geweihgeräte mit rechteckigem Schaftloch und ohne Rose bronzezeitlich sind.

Abb. 191, 192: Der Geweihkeil aus Salzwedel (V 2338) stammt vermutlich aus der Älteren Bronzezeit. (P I/P II)

Vermutlich wurde auch dieses Stück, wie die meisten durchbohrten Felsgesteinsäxte, als Spaltkeil verwendet. Organische Werkzeuge haben sich natürlich nur unter günstigen Bedingungen bis heute so gut erhalten. Der Salzwedeler Keil wurde im Schlamm des ehemaligen Jeetzekolks gefunden, der im Südosten vor der Stadt lag.

Abb. 193: Lüneburger Haarknotenfibel, Siedendolsleben (V 331), P III

Haarknotenfibeln wurden von den Frauen am Hinterkopf getragen. Sie hielten den Haarknoten zusammen. Die Spiralen zeigten nach oben. Fälschlicherweise wurden solche Fibeln früher häufig als Lüneburger Hängefibeln bezeichnet.

Abb. 194: Rippenhalskragen, Mecklenburger Typ, Lückstedt (V 374), P III/P IV

Abb. 195: Halskragen, Güssefeld (V 7184), P III/P IV

Am Übergang von der Älteren zur Jüngeren Nordischen Bronzezeit waren bronzene Halskragen offensichtlich ein beliebter Schmuck. Der Kragen aus Güssefeld verrät sowohl Mecklenburger als auch Lüneburger Einfluss. Man hat ihn, nachdem er absichtlich verbogen und zerbrochen worden war, dem (der) Verstorbenen mit auf den Scheiterhaufen gelegt. Die breiten Halskragen aus Bronze konnte man wegen der großen Öffnung sicherlich relativ leicht wieder abnehmen. Das ging mit den massiven und schweren Arm- oder Beinringen der Älteren Bronzezeit nicht. Einmal angelegt, mussten sie zeitlebens getragen werden.

Abb. 196, 197: Lüneburger (?) Beinringe, Neulingen (V 362, V 458), P III

Diese beiden Ringe gehörten offensichtlich zusammen, wurden aber nicht sehr lange getragen. Die Verzierung ist typisch für die Lüneburger Gruppe der Älteren Nordischen Bronzezeit. Interessanterweise sind beide Ringe zwischen den Strichgruppen mit fünf liegenden Ovalen verziert. Die Lüneburger Ringe weisen ansonsten vier, die Uelzener dagegen nur drei dieser Ovale auf. Vielleicht ist das ein Hinweis auf eine lokale altmärkische Gruppe dieser Periode.

Abb. 198, 199: Lüneburger Radnadeln, Salzwedel (V 2380) und Bühne (V 7224), P III

Lüneburger Radnadeln sind immer nur einseitig profiliert bzw. verziert, die Rückseiten sind stets unverziert. Wahrscheinlich dienten die Nadeln zum Zusammenstecken von Kleidungsstücken. Weil die Rückseite dabei nicht sichtbar war, musste sie nicht verziert sein.

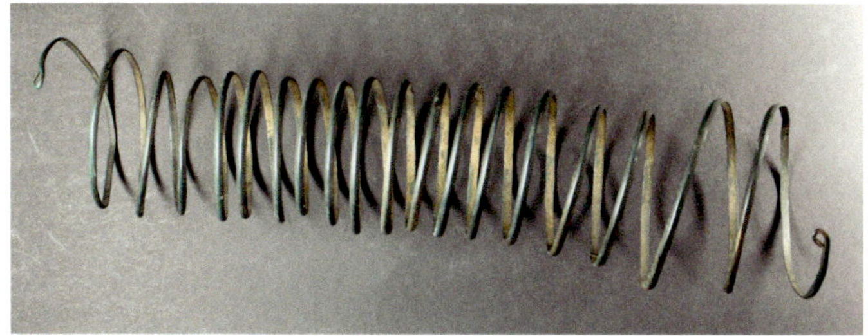

Abb. 200: Armspirale, Klein Wieblitz (V 1215 a), hier wohl P V

Armspiralen aus Bronzeblech waren fast zeitlos. Sie wurden während der gesamten Bronzezeit verwendet, waren offensichtlich Bestandteil der Frauentracht und wurden immer paarig getragen. Die Befestigung erfolgte mit Hilfe der beiden Ösen am Ärmel der Kleidung.

Abb. 201: Armspirale, Klein Wieblitz (V 1209), P IV – P VI

Die kleine Kinderarmspirale aus Klein Wieblitz lässt sich eigentlich nur anhand des Fundzusammenhanges in die Jüngere Bronzezeit datieren.

Abb. 202: Tüllenmeißel, Kuhfelde (V 258), wohl Jüngere Nordische Bronzezeit

Die Form des Kuhfelder Tüllenmeißels ist ziemlich selten, da hier im Gegensatz zu den Tüllenbeilen nur die Tülle hohl, die lange Schneide aber massiv ist. Da es es sich zudem um einen Einzelfund handelt, fällt eine genauere Datierung schwer.

Abb. 203, 204: Griffzungenmesser, Hohenböddenstedt (V 320), P IV/ P V

Die geschwungene Klinge des Messers aus Hohenböddenstedt ist reich verziert. Die Verzierung bedeckt sogar den Messerrücken.

Abb. 205: Skalpell, Darsekau (V 358), P III/P IV

Medizinische Instrumente vermutet man in der Bronzezeit nicht unbedingt. Trotzdem gab es sie. Bei dem Skalpell, das zusammen mit einer datierenden Spiralplattenfibel (V 357) gefunden wurde, waren die scharfe Klinge und die Griffangel zusammen gelötet. Die Teile bestehen offensichtlich aus unterschiedlichen Bronzen. Die Angel war zur besseren Fixierung des Griffes eingekerbt.

Abb. 206: Lanzenspitze, Baars (V 2392), P II/P III

Abb. 207: Speerspitze, Altensalzwedel (V 2381), P IV / P V

Auch Lanzenspitzen unterlagen einer Entwicklung. Für die ältere Bronzezeit sind die einfachen, unverzierten Stücke typisch. Bei den Lanzen- und Speerspitzen der Jüngeren Bronzezeit wurde der Tüllenmund mit umlaufenden Rippen versehen.

Abb. 208, 209: Zwei Pfeilspitzen, Altmersleben (V 307 e, f) P III

Bronzene Pfeilspitzen fand man bisher recht selten, denn noch sehr lange wurden in der Bronzezeit Feuersteinpfeilspitzen benutzt. Um so erstaunlicher ist es, dass bei Altmersleben in einem Hügelgrab mindestens fünf Bronzepfeilspitzen zusammen mit einer Lanzenspitze und einer datierenden Lüneburger Spiralplattenfibel entdeckt wurden, was auf eine reiche nordische Kriegerbestattung aus der Älteren Bronzezeit verweist.

Abb. 210: Spiralplattenfibeln, Siedendolsleben (V 333), Darsekau (V 357), P III - P IV

Die Spiralplattenfibeln des mecklenburgischen Typs dokumentieren den nordöstlichen Einfluss am Übergang von der Älteren zur Jüngeren Nordischen Bronzezeit. Die reich verzierten Stücke waren manchmal unterschiedlich groß, wie diese beiden Exemplare oder gar die riesige Fibel aus Stappenbeck (V 254) zeigen.

Abb. 211, 212: Ältere Nordische Plattenfibel, Pretzier (V 251), P IV und Nordische Plattenfibel, Altensalzwedel (V 267), P V

Aus den Spiralplattenfibeln entwickelten sich, wie bei dem sehr gut erhaltenen Stück aus Pretzier noch gut erkennbar ist, die nordischen Plattenfibeln, die oft auch als Brillenfibeln bezeichnet werden. Man übernahm dabei anfangs noch eine vereinfachte Spiralplatte und der nun gerippte Bügel behielt seine ovale Form. Aus der äußeren quergekerbten Windung entwickelte sich der gerippte Wulstrand. Bei der entwickelten Nordischen Plattenfibel war die Spiralplatte verschwunden und der „Raupenbügel“ schlanker geworden.

Abb. 213: Bronzeanhänger, Rustenbeck (V 3806), P II/P III

Ähnliche Formen, wie sie der einmalige Rustenbecker Anhänger zeigt, findet man zeitgleich auch bei bronzezeitlichen Kulturen aus dem heutigen Österreich. Bezeichnend ist die Doppelung des Motives: Hier ist es ein kleiner Ring, der von einem größeren Ring umfasst wird.

Abb. 214: Kopf einer Warzenkopfnadel und Nadel mit doppelkonischem Kopf, Fundort unbekannt, ehemalige Kreissammlung Gardelegen, (V 388 a, b), P III/P IV

Bronzenadeln unterschiedlicher Formen und Größen wurden offensichtlich ab dem Ende der Älteren Bronzezeit in großer Menge zum unverzichtbaren Trachtbestandteil. Die Mode solche Nadeln zu tragen, währte bis in die Mitte der Vorrömischen Eisenzeit fort, nur dass später die vermehrt aus Eisen geschmiedeten Schäfte mit einem Bronzekopf versehen wurden. Die Formen blieben teilweise so ähnlich, dass häufig eine Datierung nur aus dem Fundzusammenhang heraus möglich ist. Möglicherweise handelte es sich um Haarnadeln, die Nutzung als Gewandnadeln ist ebenfalls vorstellbar.

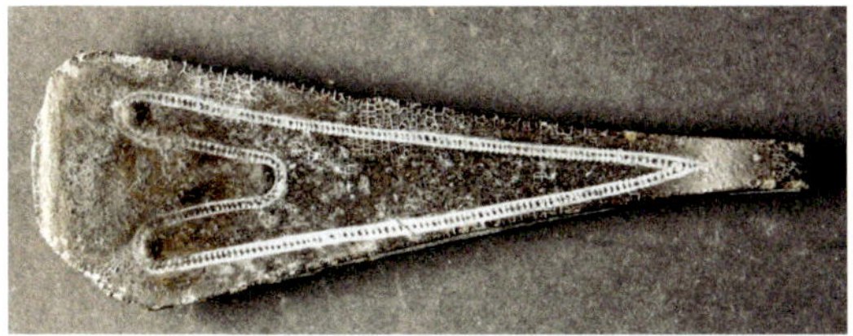

Abb. 215: Pinzette, Depekolk (V 276), P V/P VI

Pinzetten wie auch Rasiermesser treten mit Beginn der Jüngeren Bronzezeit verstärkt als Grabbeigaben auf. Das teilweise von *J. F. Danneil* 1840 ausgegrabene Hügelgräberfeld von Depekolk weist einen sehr starken Einfluss der späten

Phase der mitteldeutschen Lausitzer Kultur auf. Sowohl die Gefäße als auch die Beigaben sind häufig unverkennbar dieser Kultur zuzurechnen. Die Pinzette ist nach nordischer Art verziert, die Rasiermesser dagegen nicht. Nordische Rasiermesser waren oft aufwändig verziert, die mitteldeutschen in der Regel nicht, obwohl die Formen identisch waren.

Abb. 216, 217: Rasiermesser, Depekolk (V 274) und Kemnitz (V 248), P V/P VI

Abb. 218: Trinkhorn – Nachbildung aus Keramik, Lückstedt (V 1516), P III

Aus Lückstedt befinden sich mehrere Keramikobjekte und Bronzen in der Sammlung des Danneil-Museums, die man 1843 bei der Vernichtung eines Hügelgräberfeldes „ausgrub". Der größte Teil der Bronzen wurde allerdings von den Landbesitzern eingeschmolzen. Die in der Praxis nicht verwendbare Nachbildung eines Trinkhornes aus Ton wurde dem Toten sicherlich nur stellvertretend für ein echtes Horn mitgegeben.

Abb. 219: Fettlampe, Unterseite, Altmark (V 1555)

Im Boden der Fettlampe (siehe oben), die wohl aus der Jüngeren Bronzezeit stammen dürfte, sieht man deutlich eine kleine Einwölbung. Diese Delle ermöglicht einen sicheren Stand der Lampe und diente beim Tragen gleichzeitig zur Fixierung und geraden Ausrichtung. In die Lampenschale wurde tierisches Fett gefüllt, das man mit Hilfe eines Dochtes abbrannte.

Abb. 220: Kegelhalsterrine, Dähre (V 8048 a), P V

Aus einer Doppelbestattung in einem Steinkistengrab von Dähre stammt diese schöne, für die Jüngere Bronzezeit typische Kegelhalsterrine, die hier als Urne diente.

Abb. 221: Doppelkonus, Depekolk (V 1821), P V/P VI

Zweigliedrige, doppelkonische Töpfe mit scharfem Umbruch sind die häufigsten Grabgefäße der Jüngeren Bronzezeit. Sie dienten in der Regel zur Aufbewahrung des Leichenbrandes, während andere Gefäße den Verstorbenen häufig zusätzlich als „Beigefäße" ins Grab mitgegeben wurden.

Abb. 222, 223: Amphorenartige Kegelhalsterrine, Depekolk (V 1820) und Zylinderhalsterrine, Depekolk (V 1819), P V/P VI

Die Buckelverzierung ist typisch für die späte Phase der Lausitzer Kultur, die offensichtlich am Ende der Bronzezeit ihr Einflussgebiet weit in die Altmark hinein ausgedehnt hatte und neben den nordischen Gruppen bestehen konnte. Viele der großen endbronzezeitlichen Gräberfelder der Altmark waren zumindest von dieser Kultur beeinflusst, so auch ein Gräberfeld in Thüritz, von dem einige sehr schöne Gefäße stammen.

Abb. 224: Hoher Doppelkonus mit Ösenhenkeln,
Thüritz (V 7200), P V/P VI

# DIE SCHÄLCHENSTEINE

Zum Ende des kleinen Kataloges sei auf ein Phänomen hingewiesen, bei welchem man bis vor kurzem meist die Meinung vertrat, es handele sich dabei um eine rein bronzezeitliche Erscheinung. Die sogenannten Schälchen- oder Näpfchensteine werden oft als bronzezeitliche Kultsteine angesehen, obwohl das nicht beweisbar ist. Allerdings wurden an solchen Steinen (auch) während der Bronzezeit Opfer dargebracht, das haben einige Nachgrabungen im Umfeld solcher Monolithen erbracht. Was allerdings nicht bedeutet, dass diese Plätze nicht auch schon vor der Bronzezeit und wahrscheinlich sogar noch lange danach, bis in die Zeit der Christianisierung hinein, genutzt wurden.

Auf den Oberflächen dieser Steine findet man manchmal nur wenige, häufiger viele, ungeordnete, runde, halbkugelige Vertiefungen. Diese wurden unzweifelhaft künstlich angefertigt und werden als Schälchen oder als Näpfchen bezeichnet. Heute ranken sich oft Sagen um diese Steine. Dabei werden in den Vertiefungen meist Fingerabdrücke von Riesen gesehen oder es heißt, sie seien durch Zauberkräfte entstanden. Auch der Begriff „Butterstein" kommt vor. Darin spiegelt sich vielleicht ein Brauch wider, den man noch aus neuzeitlichen Berichten Schwedens oder Norwegens kennt. Dort hatte man Schälchen ausgefettet, gebuttert, um darin kleine Gaben für Elfen und Geister zu fixieren oder um damit der Sonne zu opfern. Das erklärt aber nicht, wann, wie und warum die Vertiefungen ursprünglich eingeschabt wurden. Dass dieser Brauch sehr alt ist, zeigen Schälchen an ägyptischen Tempeln, an uralten kultischen Anlagen wie Göbekli Tepe in Anatolien und an Großsteingräbern in aller Welt, so auch in der Altmark. Schälchen wurden immer an sichtbaren, auch an schrägen Flächen angebracht. Man vermutete früher, dass der Brauch nicht von den Erbauern der Gräber ausging, weil diese Vertiefungen niemals *in* den Grabkammern entdeckt wurden. Das war einer der Gründe dafür, dass man meinte, der „Schälchenkult" wäre vor allem während der Bronzezeit gepflegt worden. Wenn man aber davon ausgeht, dass die Flächen der Steine, an denen man heute die Schälchen findet, in der Regel seit der Errichtung der Gräber bis ins frühe Mittelalter hinein zugänglich waren, dann kann dieser Brauch bereits während der Erbauungszeit der Anlagen und natürlich auch noch lange danach bestanden haben.

Bei den Dorferneuerungen in den 1990er Jahren sind einige der alten heiligen Steine wieder aufgetaucht. Wahrscheinlich wurden sie während der Christianisierung beseitigt, um vorchristliche und damit heidnische Kultstätten zu vernichten. Bezeichnenderweise übertrug man einige der alten Bräuche aber auf die neuen christlichen Heiligtümer und so setzte man das Pulverschaben an vielen Kirchen und Steinkreuzen sogar bis in die Neuzeit fort. Das gewonnene Pulver verwendete man z. B. in der Humanmedizin („Pestpulver"), in der Tiermedizin, als Reiseschutzzauber für Handelsreisen, Pilgerfahrten und Kriegszüge oder bei kultischen Zeremonien. Dass diese Sitte noch lange Zeit anhielt, sieht man an der enormen Anzahl von Schälchen und Rillen, die noch heute viele unserer Kirchen „zieren". Das ist zumindest ein Indiz dafür, dass die wesentlich älteren Schälchensteine aus Felsgestein bei unseren „heidnischen" Vorfahren ebenfalls als „heilig" galten. Natürlich wurde dieser urtümliche Brauch von der Geistlichkeit nicht sehr gerne gesehen, war aber offensichtlich häufig nicht zu verhindern.

Abb. 225: Vissum – Umsetzung des Schälchensteines 2011. Rechts im Bild: der Autor.

Abb. 226: Der Schälchenstein von Vissum kam im Jahre 1996 bei Bauarbeiten neben dem heutigen Friedhof zum Vorschein und wurde am 22. März 2011 an seinen heutigen Standort versetzt. Er weist viele runde und einige ovale Schälchen auf.

Abb. 227: Der „Breite Stein" von Lüdelsen/Neuenstall. Auf dem Grat des Steines befinden sich zwei große Schälchen, auf die hier der ehemalige Lehrer und Bodendenkmalpfleger *Hartmut Bock* aus Jübar hinweist.

Der Begriff „Breiter Stein" ist vermutlich eine Verballhornung von „Brautstein". Es handelt sich dabei um Steine, die über eine langen Zeitraum wichtige Rechtssymbole darstellten. Hier wurden Streitigkeiten geschlichtet und Ehen geschlossen. Oft hatte man sie zentral in den Orten, an Gemarkungsgrenzen oder neben wichtigen Verbindungswegen aufgestellt.

Abb. 228: In Groß Gischau wurde im Kriegerdenkmal ein sehr auffälliger Stein vermauert, der mit tiefen Schälchen sowie an beiden Seiten mit künstlichen Ritzungen versehen ist.

Abb. 229: Der mächtige und sagenbehaftete „Küsterstein“ von Hilmsen weist auf seiner Schräge auch wenige Schälchen auf.

Abb. 230: An der alten Dorfstraße in Bretsch wurde erst in den 1990er Jahren ein Stein, der ebenfalls mit einigen, allerdings nicht sehr auffälligen Schälchen versehen ist, aufgestellt.

Abb. 231: Neben der Dorfstraße von Kerkau steht ein Stein, der neben vielen Schälchen auch einige Ritzungen, ähnlich wie der in Groß Gischau, aufweist.

Abb. 232: Auf dem nach 1990 aufgeschütteten Rodelberg von Jeetze liegt der wohl eindrucksvollste Schälchenstein der Altmark. Er hat die Form eines Schildkrötenpanzers und ist übersät mit runden und auf der Spitze mit einem ovalen Schälchen. Zudem weist er ähnliche Ritzungen wie die Steine von Groß Gischau und Kerkau auf.

Abb. 233: Gegenüber des Jeetzer Windmühlenberges liegt ein weiterer Schälchenstein. Hier könnte es sich um einen Deckstein eines ehemaligen Großsteingrabes gehandelt haben. Die Löwenzahnblüten dienen zur besseren Kennzeichnung der Schälchen beim Foto. Ein dritter Schälchenstein liegt in Jeetze unweit der Straße östlich vor Siepe.

Abb. 234: Auf der Spitze und auf dem Rücken eines aufgestellten Steines am Friedhof von Mahlsdorf wurden einige sehr große Schälchen eingeschabt.

Der Mahlsdorfer Stein war Bestandteil einer frühgeschichtlichen Megalithanlage. Davon ist mindestens noch ein weiterer aufgestellter Stein erhalten geblieben. Dieser wurde zum Teil in einen Türpfeiler der Friedhofspforte einbezogen, trägt allerdings keine künstlichen Vertiefungen. Ein weiterer auffälliger Stein der Anlage wurde noch zu Beginn der 1970er Jahre in einer Abfallgrube entsorgt.

Abb. 235: Ein in den 1970er Jahren versetzter, wohl ehemaliger Deckstein des Winterfelder Großsteingrabes ist mit vielen runden Schälchen bedeckt.

Abb. 236: Der große, fast 5m lange Deckstein des Stöckheimer Hünengrabes besitzt neben einer auffälligen Rinne, deren ursprünglicher Zweck umstritten ist, auf seiner Oberfläche mehr als 80 künstliche runde Schälchen.

Abb. 237: Auf dem größten Deckstein des Großsteingrabes Lüdelsen (Fpl. 1) befinden sich viele runde und einige ovale Schälchen. In einem der Schälchen lag im Februar 2005, ursprünglich unter Moos versteckt, eine „moderne Opfergabe".

## ABBILDUNGSNACHWEIS

Alle Abbildungen Lothar Mittag, Johann-Friedrich-Danneil-Museum Salzwedel, außer:

Abb. 4: Walter Neuling; Archiv Johann-Friedrich-Danneil-Museum

Abb. 11, 78, 147, 149, 150, 151, 152, 153, 154, 155, 156: Archiv J.-F.-Danneil-Museum Salzwedel

Abb. 22: Aus: Archäologie in Deutschland. Heft 4. Stuttgart 2003.

Abb. 45: Andrea Hörentrup; Landesamt für Denkmalpflege und Archäologie Sachsen-Anhalt.

Abb. 63: Aus: 14. Jahresbericht des Altmärkischen Vereins für vaterländische Geschichte und Industrie. Salzwedel 1864.

Abb. 83: Aus: 7. Jahresbericht des Altmärkischen Vereins für vaterländische Geschichte und Industrie. Neuhaldensleben und Gardelegen 1844.

Abb. 123: Aus: Stephan, Eberhardt: Die ältere Bronzezeit in der Altmark. Halle/ Saale 1956.

Abb. 124: Aus: Krause, Eduard: Die Anfänge der Kunst. In: Weltall und Menschheit. Berlin um 1900.

Abb. 131, 132, 157, 158, 186, 188: Lucie Löwe; Siepe

Abb. 133: Aus: Stendaler Jahresgaben. Bd. IV. Heft 2. Stendal 1916.

Abb. 146: Aus: Horst, Fritz: Hortfunde der jüngeren Bronzezeit aus dem Mittelelbe-Havel-Gebiet. In: Inventaria Archaeologica. Heft 6. Berlin 1987.

Abb. 148: Aus: Wüstemann, Harry: Die Schwerter in Ostdeutschland. Stuttgart 2004.

Abb. 159: Leif Steguweit; Tübingen

Abb. 160 u. 161: Ulf Frommhagen; Seethen

## LITERATUR

Spezielle Literatur und schriftliche Quellen zu den besonders vorgestellten Fundplätzen:

Brunau

Fritsch, Barbara; Mittag, Lothar; Müller, Johannes: Scherben und Asche – Ein Friedhof der Einzelgrabkultur in Brunau. In: Hünengräber – Siedlungen – Gräberfelder. Archäologie in der Altmark Bd. 1. Oschersleben 2002. S. 78 - 81.

Mittag, Lothar: Brunau. Fundchronik des Landes Sachsen-Anhalt. In: Jahresschrift für Mitteldeutsche Vorgeschichte. Bd. 84. Halle/Saale 2001. S. 179 - 180.

Müller, Johannes: Zeiten ändern sich. In: Archäologie in Deutschland. Heft 2. Stuttgart 1999. S. 20 - 25.

Groß Schwechten

Kupka, Paul Ludwig Bernhard: Der Schatzfund von Groß-Schwechten im Kreise Stendal. In: Beiträge zur Geschichte, Landes- und Volkskunde der Altmark. Band V. Heft 6. Stendal 1930. S. 406 - 408.

Zechlin, Theodor Friedrich: Jahresbericht für das Jahr 1863. In: 14. Jahresbericht des Altmärkischen Vereins für vaterländische Geschichte und Industrie. Salzwedel 1864. S. 4 - 6 sowie Tafel 1.

Kläden

Danneil, Johann, Friedrich: Vereinsbericht. In: 7. Jahresbericht des Altmärkischen Vereins für vaterländische Geschichte und Industrie zu Salzwedel. Neuhaldensleben und Gardelegen 1844. S. 11 - 13 sowie Tafel 1.

Hafner, Albert: Prestigegüter zwischen Alpen und Altmark. In: Hünengräber – Siedlungen – Gräberfelder. Archäologie in der Altmark. Bd. 1. Oschersleben 2002. S. 110 - 111.

Hafner, Albert: Vollgriffdolch und Löffelbeil – Statussymbole der Frühbronzezeit. In: Archäologie der Schweiz. Heft 4. 18. Jahrgang. 1995. S. 134 - 140.

Kupka, Paul Ludwig Bernhard: Schatzfund von Kläden, Kreis Stendal. In: Beiträge zur Geschichte, Landes- und Volkskunde der Altmark. Band V. Heft 6. Stendal 1930. S. 408 - 410.

Meller, Harald (Hrsg.): Aus den Westalpen I. In: Bronzerausch. Spätneolithikum und Frühbronzezeit. Begleithefte zur Dauerausstellung im Landesmuseum für Vorgeschichte Halle. Band 4. Halle/Saale 2011. S. 150 - 152.

Wittenmoor

Zechlin, Theodor Friedrich: Jahresbericht für die Jahre 1864 und 1865. In: 15. Jahresbericht des Altmärkischen Vereins für vaterländische Geschichte und Industrie. Salzwedel 1865. S. 158.

Jeebel

Niemann, Ernst: Funde aus der Bronzezeit. In: Salzwedeler Volksstimme vom 13.11.1970.

Schneider, Johannes: Bronzezeitliche Funde von Jeebel. In: Altmärkischer Heimatkalender. 3. Jahrgang. Salzwedel 1974. S. 93 - 94.

Meller, Harald: Die neolithischen und bronzezeitlichen Goldfunde Mitteldeutschlands – eine Übersicht. In: Metalle der Macht. Tagungsband des 6. Mitteldeutschen Archäologentages. 11/2. Halle/Saale 2014. S. 611 - 716. Tafel 5.1., Abb. 48.

Mehrin

Horst, Fritz: Hortfunde der jüngeren Bronzezeit aus dem Mittelelbe-Havel-Gebiet. In: Inventaria Archaeologica. Heft 6. Blatt DDR 58 „Mehrin". Berlin 1987.

Kupka, Paul Ludwig Bernhard: Ein Depotfund aus der späten Bronzezeit von Mehrin im Kreise Salzwedel. In: Beiträge zur Geschichte, Landes- und Volkskunde der Altmark. Bd. IV, Heft 2. Stendal 1916. S. 78 - 81.

Kupka, Paul Ludwig Bernhard: Der Erdfund von Mehrin. In: Beiträge zur Geschichte, Landes- und Volkskunde der Altmark. Bd. IV, Heft 8. Stendal 1922. S. 420.

Kupka, Paul Ludwig Bernhard: Rasiermesser von Tangermünde und Mehrin. In: Beiträge zur Geschichte, Landes- und Volkskunde der Altmark. Band V. Heft 6. Stendal 1930. S. 426.

Seethen

Frommhagen, Ulf: Tongefäße für den Leichenbrand. In: Hünengräber – Siedlungen – Gräberfelder. Archäologie in der Altmark. Bd. 1. Oschersleben 2002. S. 102 - 109.

Steguweit, Leif: Ein jungbronzezeitliches Gräberfeld von Seethen, Kr. Gardelegen. Vorbericht. In: Ausgrabungen und Funde 35. Heft 4. Berlin 1990. S. 179 - 185.

## WEITERE VERWENDETE LITERATUR

Alber, Gregor; Wohlfeil, Jutta: Leben und Tod. In: Hünengräber – Siedlungen – Gräberfelder. Archäologie in der Altmark. Bd.1. Oschersleben 2002. S.116 - 126.

Aner, Ekkehard; Kersten, Karl: Die Funde der älteren Bronzezeit des nordischen Kreises in Dänemark, Schleswig-Holstein und Niedersachsen. Band XVII. Dithmarschen. Neumünster 1991.

Beran, Jonas: Funde der Einzelgrabkultur im Bezirk Magdeburg. Neolithische Studien IV. Halle/Saale 1990.

Beran, Jonas: Das goldene Metall verdrängt den Stein. In: Hünengräber – Siedlungen – Gräberfelder. Archäologie in der Altmark. Bd.1. Oschersleben 2002. S. 94 - 100.

Bock, Hartmut: Ein Platz für die Götter. In: Hünengräber – Siedlungen – Gräberfelder. Archäologie in der Altmark. Bd. 1. Oschersleben 2002. S. 112 - 115.

Bohnstedt, Franz: Schmuckstücke der Bronzezeit im Johann-Friedrich-Danneil-Museum. Salzwedel 1933.

Brunn, Wilhelm Albert von: Bronzezeitliche Hortfunde. Teil 1. Die Hortfunde der frühen Bronzezeit aus Sachsen-Anhalt, Sachsen und Thüringen. Berlin 1959.

Coblenz, Werner (Hrsg.): Beiträge zur Lausitzer Kultur. Arbeits- und Forschungsberichte zur sächsischen Bodendenkmalpflege. Beiheft 7. Berlin 1969.

Coblenz, Werner; Horst, Fritz (Hrsg.): Mitteleuropäische Bronzezeit. Beiträge zur Archäologie und Geschichte. Berlin 1981.

Danneil, Johann Friedrich: Generalbericht über die Aufgrabungen in der Umgegend von Salzwedel. In: K. E. Förstemann (Hrsg.): Neue Mitteilungen aus dem Gebiet historisch antiquarischer Forschung. Halle/Saale 1836. S. 44 - 84.

Filip, Jan: Enzyklopädisches Handbuch zur Ur- und Frühgeschichte Europas. Band 1 und 2. Prag 1966 und 1969.

Hänsel, Alix: Die Sammlung „vaterländischer Alterthümer“ des Rittergutsbesitzers Augustin auf Ziegelsdorf bei Burg im Magdeburgischen. In: Acta Praehistorica et Archaeologica. 31. Berlin 1999.

Horst, Fritz: Grabfunde der jüngeren Bronzezeit aus dem nördlichen Gebiet der DDR. In: Inventaria Archaeologica. Heft 3. Blatt DDR 23 - 32. Berlin 1984.

Horst, Fritz: Zedau – Eine jungbronze- und eisenzeitliche Siedlung in der Altmark. Berlin 1985.

Horst, Fritz: Hortfunde der jüngeren Bronzezeit aus dem Mittelelbe-Havel-Gebiet. In: Inventaria Archaeologica. Heft 6. Blatt DDR 51 - 60. Berlin 1987.

Hundt, Hans-Jürgen: Die jüngere Bronzezeit in Mecklenburg. Lübstorf 1997.

Klamm, Mechthild: Göttinger Typentafeln zur Ur- und Frühgeschichte Mitteleuropas. Nordische Bronzezeit. Göttingen 1984.

Kulturbund der DDR, Museen für Ur- und Frühgeschichte Dresden, Halle, Potsdam, Schwerin, Weimar (Hrsg.): Typentafeln zur Ur- und Frühgeschichte. Bronzezeit. Weimar um 1975.

Kupka, Paul Ludwig Bernhard: Die Bronzezeit in der Altmark. In: Jahresschrift für die Vorgeschichte der sächsisch-thüringischen Länder. 7. Band. Halle/Saale 1908. S. 29 - 83. Tafeln IX u. X.

Kupka, Paul Ludwig Bernhard: Studien und Forschungen zur Kenntnis der Bronzezeit in der Altmark. I. und II. In: Beiträge zur Geschichte, Landes- und Volkskunde der Altmark. Band IV. Heft 5. und Band V. Heft 6. Stendal 1929 und 1930. S. 297 - 321. und S. 406 - 426.

Lisch, Georg Christian Friedrich: Friderico-Francisceum oder Grossherzogliche Alterthümersammlung aus der altgermanischen und slavischen Zeit Mecklenburgs. Leipzig 1837.

Lüth, Friedrich: Das Dreiperiodensystem. In: Mecklenburgs Humboldt: Friedrich Lisch. Ausstellungskatalog. Schwerin 2001. S. 97 - 102.

Meller, Harald (Hrsg.): Der geschmiedete Himmel. Stuttgart 2004.

Meller, Harald (Hrsg.): Schönheit, Macht und Tod. 120 Funde aus 120 Jahren. Landesmuseum für Vorgeschichte Halle. Halle/Saale 2001.

Meller, Harald (Hrsg.): Bronzerausch. Spätneolithikum und Frühbronzezeit. Begleithefte zur Dauerausstellung im Landesmuseum für Vorgeschichte Halle. Band 4. Halle/Saale 2011.

Mittag, Lothar: Sagenhafte Steine. Schriften zur Regionalgeschichte. Band 5. Spröda 2006.

Mittag, Lothar: Zwei altmärkische Kupferflachbeile aus der Jungsteinzeit. In: 85. Jahresbericht des Altmärkischen Vereins für vaterländische Geschichte zu Salzwedel e.V. Salzwedel 2015. S. 5 - 21.

Müller, Johannes: Flint-Kupfer-Bernstein. In: Großsteingräber – Grabenwerke – Langhügel. Sonderheft 11/2017. Archäologie in Deutschland. Stuttgart 2017. S. 94 - 99.

Museum Schwab Biel (Hrsg.): Die Anfänge der Bronzezeit zwischen Rhone und Aare. Biel 1995.

Pacak, Peter: Ein Halskragen der mittleren Bronzezeit aus Groß Garz, Ldkr. Stendal. In: 74. Jahresbericht des altmärkischen Vereins für vaterländische Geschichte zu Salzwedel e. V. Oschersleben 2002. S. 3 - 4.

Padberg, Wolfgang: Die Ausgrabung bronzezeitlicher Hügelgräber bei Kogel (Kreis Hagenow) in Mecklenburg. In: Mecklenburg. 34. Jahrgang, Heft 2. Schwerin 1939. S. 109 - 122.

Piesker, Hans: Untersuchungen zur älteren Lüneburger Bronzezeit. Lüneburg 1958.

Schmidt, Ingrid: Brautsteine, Breite Steine. In: Rügener Steine erzählen. Rostock 2012. S. 9 - 22.

Schmidt, Jens-Peter: Studien zur jüngeren Bronzezeit in Schleswig-Holstein und im nordelbischen Hamburg. Teil 1 u. Teil 2. Bonn 1993.

Pohlmann, Alfred: Neue Sagen aus der Altmark. Stendal 1914. S. 62 - 63.

Probst, Ernst: Deutschland in der Bronzezeit. München 1999.

Sprockhoff, Ernst: Ein Frauengrab der älteren Bronzezeit von Lübz. In: Mecklenburg. 34. Jg. H. 2. Schwerin 1939. S. 101 - 109.

Sprockhoff, Ernst: Jungbronzezeitliche Hortfunde der Südzone des nordischen Kreises (Periode V). Band 1, 2. Mainz 1956.

Stephan, Eberhardt: Die ältere Bronzezeit in der Altmark. Halle/Saale 1956.

Tackenberg, Kurt: Die jüngere Bronzezeit in Nordwestdeutschland. Teil 1. Die Bronzen. Hildesheim 1971.

Tackenberg, Kurt. Die jüngere Bronzezeit in Nordwestdeutschland. Teil 2. Die Felsgesteingeräte. Hildesheim 1974.

Thomsen, Christian, Jürgensen: Die verschiedenen Perioden, in welche die heidnischen Altertümer gesetzt werden können. In: Leitfaden zur Nordischen Alterthumskunde. Kopenhagen 1837. S. 57 - 64.

Wegner, Günter (Hrsg.): Bronzezeit in Niedersachsen. Leben – Glauben – Sterben vor 3000 Jahren. Oldenburg 1996.

Wüstemann, Harry: Die Dolche und Stabdolche in Ostdeutschland. Stuttgart 1995.

Wüstemann, Harry: Die Schwerter in Ostdeutschland. Stuttgart 2004.

## WEITERE QUELLEN

Ortsakten und Fundkartei des Johann-Friedrich-Danneil-Museums Salzwedel

Fundakten des Landesmuseums für Vorgeschichte Halle

Fundakten der Staatlichen Museen zu Berlin, Museum für Vor- und Frühgeschichte